Köstlich und lecker

Spargel & Erdbeeren

garant

Köstlich und lecker

Spargel & Erdbeeren

garant

Vorwort

„Bis Johanni nicht vergessen – sieben Wochen Spargel essen!", so lautet eine Volksweisheit. Die Erntezeit des köstlichen Spargels dauert von Ende April bis zum 24. Juni, dem Johannistag. Die Spargelsaison ist also sehr kurz, man sollte deshalb in dieser Zeit möglichst viele leckere Spargelkreationen auf den Tisch bringen. Frischer Spargel ist ein Hochgenuss, der immer mehr Liebhaber findet. Er ist gesund und vitaminreich, leicht zuzubereiten und äußerst vielseitig zu verwenden. Gekochter Spargel mit zerlassener Butter oder einer duftigen Sauce hollandaise, aber auch Spargel mit hauchdünnen Schinkenscheiben sind eine Delikatesse.

Spargelsuppen, Vorspeisen, Salate oder eine Spargelquiche, Sie haben die Qual der Wahl. Genießen Sie Spargeleintöpfe oder gebackenen Spargel, Spargel mit Fleisch oder Fisch. Sie finden für jeden Geschmack das richtige Rezept. Ob Sie weißen, grünen oder violetten Spargel in Ihrer Küche verwenden, bleibt Ihrem persönlichen Geschmack überlassen. Probieren Sie die Sorten einfach aus und genießen Sie die Zartheit des weißen und das kräftigere, würzige Aroma des grünen oder violetten Spargels.

Spargel wird während der Saison in ausgezeichneter Qualität und zu relativ günstigen Preisen angeboten. Nutzen Sie die Gelegenheit und laden Sie Freunde zu einem geselligen Spargelessen. Ein leichtes Spargelsüppchen, ein scharfer Spargelsalat oder eine Spargelquiche, anschließend vielleicht eine exotische Entenbrust mit Spargel und als Nachtisch ein fruchtiges Dessert – Ihre Gäste werden begeistert sein.

Achten Sie schon beim Einkauf auf erstklassige Qualität und Frische, denn nur dann entfaltet der Spargel sein wundervolles Aroma. Suchen Sie je nach Rezept den Spargel nach den Handelsklassen von Extra bis Klasse II aus. Die Spargelstangen dürfen nicht holzig oder hohl und die Köpfe müssen fest geschlossen sein. Greifen Sie auf alle Fälle zu, wenn Spargel direkt vom Spargelfeld des Erzeugers angeboten wird. Spargel, der frisch gestochen wurde, ist ein Gedicht und durch nichts zu übertreffen.

Seien Sie jedoch wählerisch bei verpacktem Spargel, der fast das ganze Jahr im Handel ist. Oft hat er schon eine lange Reise aus Italien, Spanien, Griechenland oder Marokko und eine lange Lagerzeit hinter sich. Solcher Spargel wird zwar meist sehr günstig angeboten, doch er schmeckt nicht und enthält fast keine Vitamine und Nährstoffe mehr.

Und da gibt es noch etwas ganz Leckeres, Beeren – ERDBEEREN! – Schon beim Klang dieser Worte läuft dem Feinschmecker „das Wasser im Munde zusammen". Die Sommerzeit ist Beerenzeit und schüttet in Überfülle ihre Schätze aus. Schon früher zogen die Menschen hinaus in die freie Natur und sammelten die kleinen, aromatischen Walderdbeeren. Diese Zeiten sind Vergangenheit. Erdbeeren bilden quasi den Auftakt für die heimische Beerenernte, denn sie gehören zu den ersten Beerenfrüchten des Jahres, die reif werden. Speziell für diejenigen, die bei der Zubereitung der so vielseitig verwendbaren, köstlichen Früchte noch unsicher sind, gibt unser Buch mit seinen vielen bebilderten Rezepten wertvolle und leicht verständliche Anregungen. Mit seiner Hilfe gelingt es Ihnen, neue und leckere Beerengerichte zuzubereiten und sich, Ihren Gästen und Freunden etwas besonders Feines zu servieren. Lassen Sie sich also entführen in das Zauberreich der heimischen Erdbeeren, die einen Sommer lang Ihren Speisezettel bereichern.

Wir hoffen, dass Sie beim Schmökern in unserem Spargel- und Erdbeerkochbuch Lust bekommen haben, die vielen Rezepte zu testen, und wünschen Ihnen viel Freude und viel Erfolg beim Kochen und noch mehr Spaß beim Genießen.

Ihre Redaktion

Rund um den Spargel

Bereits vor 2 500 Jahren war „asparagos" in Griechenland bekannt. Der Spargel wurde hauptsächlich als Arzneimittel geschätzt, um Zahnschmerzen zu kurieren oder Bienenstiche zu lindern. Als Gemüse bauten erstmals die Römer den Spargel an, wie in ausführlichen Kulturanleitungen überliefert ist. Sie waren es wahrscheinlich auch, die den Spargel im deutschsprachigen Raum bekannt machten.

Zu Beginn des 16. Jahrhunderts war der Spargelanbau in Frankreich und England schon weit verbreitet. In Deutschland pflanzte man erst ab Mitte des 16. Jahrhunderts die ersten Spargelbeete im „Stuttgarter Lustgarten" an. Im Mittelalter wurde Spargel hauptsächlich zu medizinischen Zwecken als Heilpflanze in Klöstern kultiviert. Die Inhaltsstoffe des Spargels werden heute noch in der Homöopathie bei der Behandlung von Blasenkatarrh, Blasen- und Nierensteinen genutzt. Er wird auch als Heilmittel bei Zuckerkrankheit, Milz- und Leberleiden, Hautunreinheiten, Rheuma und Gicht eingesetzt.

Spargel wird in Deutschland auf einer Fläche von etwa 15 000 Hektar angebaut. Die größten Anbaugebiete liegen in Bayern, Niedersachsen, Nordrhein-Westfalen, Hessen, Baden-Württemberg und Brandenburg. Die gesamte Erntemenge wird auf etwa 55 000 Tonnen jährlich geschätzt. So entwickelte sich Spargel zum wichtigsten Gemüse im deutschen Anbau.

Spargel besteht zu etwa 93 Prozent aus Wasser, mit 20 Kalorien (85 Joule) pro 100 g gehört er zu den „schlanken" Gemüsesorten. Er enthält neben der Asparaginsäure, die entschlackend wirkt, Kalium, Phosphor, Kalzium und die Vitamine A, B_1, B_2, C, E und Folsäure, die für die Blutbildung wichtig ist. In weißem Spargel sind 2 g Kohlenhydrate enthalten, er ist relativ zuckerarm und deshalb eine ausgezeichnete Diätspeise für Zuckerkranke. Spargel regt die Nieren- und Darmtätigkeit an, entwässert stark und unterstützt die Funktionen von Leber und Lunge.

Frischen Spargel erkennt man an den fest geschlossenen Spitzen, der Festigkeit der Stangen und einem gleichmäßigen Durchmesser, die Spargelenden dürfen nicht ausgetrocknet sein. Der relativ hohe Preis für Spargel ergibt sich aus dem aufwändigen und arbeitsintensiven Anbau und der mühsamen Ernte.

Weißer und grüner Spargel gedeiht am besten in leichten, sandigen, humosen und wasserdurchlässigen Böden, die sich im Frühjahr schnell erwärmen. Die Pflanzzeit beginnt Mitte März und endet Mitte April. Schon bei einer Außentemperatur von etwa 12 Grad Celsius beginnt der Spargel langsam zu wachsen. Um das Wachstum und die Ernte zu beschleunigen, werden die Spargeldämme meist mit Thermofolien abgedeckt.

Spargel ist eine mehrjährige Staude, deren Wurzelstock, das Rhizom, etwa 35 cm unter der Erdoberfläche liegt und überwintert. Im Frühjahr treibt der Spargel mehrere Sprosse, von denen die wohlschmeckenden Stangen geerntet werden. Nach der Ernte bilden die verbliebenen Sprosse das Spargelkraut. Die Spargelernte beginnt je nach Witterung Ende April und dauert traditionell bis zum 24. Juni. Danach wird die Ernte eingestellt, damit sich die Pflanzen regenerieren und im nächsten Jahr genügend neue Sprosse bilden können.

Am bekanntesten ist der weiße Bleichspargel. Er bleibt im Gegensatz zum grünen oder violetten Spargel bis zur Ernte mit Erde bedeckt. Er wird in Erdwällen kultiviert und gestochen, wenn sich die Erdoberfläche leicht anhebt und sich leichte Risse bilden. Die einzelnen Spargelstangen werden mit den Fingerspitzen sorgfältig freigelegt und am Wurzelstock abgeschnitten. Die Spargelstangen werden in Körbe gelegt und durch Abdecken vor dem Austrocknen geschützt. Als Werkzeug für die Spargelernte dienen lange Stechmesser, die den Trieb vom Wurzelstock trennen, und Kellen, mit denen anschließend die Erde wieder glatt gestrichen wird.

Grüner Spargel wird ohne Spargeldämme angebaut und geerntet, wenn er eine Länge von etwa 20 cm erreicht hat. Er gedeiht auch auf schwereren, durchlässigen Böden in warmem Klima. Auf Temperaturschwankungen reagiert er empfindlich, bei kalter Witterung kann sich die Grünfärbung verzögern. Die Stangen sind etwas dünner als bei weißem Spargel, aber sehr aromatisch und herzhafter im Geschmack.

Frischer, weißer Spargel kann bis zum Verbrauch 2–3 Tage aufbewahrt werden. Dazu wickelt man ihn in ein feuchtes Küchentuch und legt ihn in den Kühlschrank. Grünspargel wächst nach der Ernte weiter, deshalb stellt man ihn bis zur Zubereitung in Wasser.

Wegen seines würzigen Geschmacks wird violetter Spargel hauptsächlich in Frankreich geschätzt. Er wird

gestochen, sobald er die Erdoberfläche leicht durchbrochen hat. Die Spargelspitzen verfärben sich bei Lichteinwirkung durch Anthocyan rasch violett. Violetter Spargel eignet sich für alle klassischen Spargelgerichte.

Spargel wird in verschiedene Handelsklassen eingeteilt. Sie stellen die Qualität sicher und erleichtern den Einkauf. Spargel, den Sie direkt vom Erzeuger erwerben, muss nicht nach Handelsklassen sortiert sein.

Klasse Extra:
12 mm starke, gerade Stangen, die Köpfe sind fest geschlossen, weisen nur wenig „Rost" auf, sind nicht holzig, die Stangen sind nicht gespalten oder hohl.

Klasse I:
10 mm starke, gut geformte Stangen, die nur leicht gebogen sind. Die Köpfe sind fest geschlossen, eine leichte Verfärbung der Stangen ist zulässig.

Klasse II:
8 mm starke Stangen, die nicht ganz gerade sind. Die Köpfe sind weniger fest geschlossen. Stärkere Verfärbungen sind zulässig. Spargel der Klasse II darf leicht holzig sein.

Bruchspargel:
Dieser eignet sich für Suppen oder als Fond. Er ist meist sehr günstig im Preis, die Stangen sind unterschiedlich stark und eventuell auch leicht holzig.

Spargel ist häufig von einem leichten Pilz, dem „Spargelrost", befallen. Er ist unbedenklich und wird beim Schälen entfernt. Durch längeres Wässern verschwindet der Spargelrost ebenfalls, allerdings werden die wasserlöslichen Vitamine und Mineralstoffe ausgeschwemmt.

Alle Handelsklassen sollten folgende Mindesteigenschaften haben:

1. Die Köpfe und Stangen dürfen nicht beschädigt sein.
2. Sie müssen gesund und frei von Fäulnisbefall sein.
3. An den Spargelstangen dürfen weder Sand noch andere sichtbare Fremdstoffe haften.
4. Das Aussehen und der Geruch müssen frisch sein.
5. Spargelstangen dürfen keine Druckstellen oder Quetschungen aufweisen.
6. Die Schnittflächen sollten möglichst glatt und noch feucht sein.
7. Die Stangen dürfen nicht gebrochen, gespalten, hohl oder geschält sein.

Einleitung

Lange Transportwege, Unterbrechungen der Kühlung oder zu hohe Kühltemperaturen schaden dem Spargel. Bereits nach wenigen Tagen verliert er an Qualität, die wertvollen Inhaltsstoffe gehen ebenso verloren wie der köstliche Geschmack. Spargel aus heimischen Anbaugebieten ist deshalb unbedingt vorzuziehen. Er wird während der Saison direkt vom Spargelfeld oder im Hofladen des Erzeugers verkauft und auf Wochenmärkten erntefrisch angeboten.

Bei der Zubereitung von Spargel sollten einige Grundregeln beachtet werden, damit dem Genuss nichts im Wege steht. Spargel wird unter fließendem Wasser gründlich gewaschen, um alle Sandreste zu entfernen. Mit einem Gemüseschäler oder einem speziellen Spargelschäler wird Bleichspargel immer von oben nach unten sorgfältig dünn geschält. Danach schneidet man die holzigen Enden ab. Von frischem Spargel wird meist nur ein 1–2 cm kleines Stück entfernt. Grüner Spargel muss nicht geschält werden.

Anschließend werden die Spargelstangen immer in den kochenden Sud eingelegt und je nach Dicke 10–20 Minuten bissfest gegart. Die Stangen können vor dem Kochen mit Küchenschnur portionsweise gebündelt werden. Dem Kochsud wird pro Liter etwa ½ Teelöffel Salz hinzugefügt. 1 Esslöffel Butter im Kochsud verfeinert das Spargelaroma. Die Zugabe von einer Prise Zucker kann vorhandene Bitterstoffe mildern, sie empfiehlt sich besonders beim Kochen von Grünspargel. Bei weißem oder violettem Spargel mindert ein Spritzer Zitronensaft oder ½ Zitrone im Kochsud Verfärbungen, die durch das Blattgrün (Chlorophyll) verursacht werden.

Spargel wird in einem großen Topf liegend oder im so genannten „Spargeltopf" stehend in wenig Flüssigkeit gekocht. Der Topf darf nicht aus Aluminium sein, da bestimmte Inhaltsstoffe des Spargels mit Aluminiumoxid reagieren und sich dadurch die Stangen gräulich verfärben. In einem Siebeinsatz für Gemüse wird Spargel besonders schonend gegart. Der Spargel wird über Wasserdampf gedünstet, so gehen nur wenige Vitamine und Spurenelemente verloren. Der Kochsud sollte bei der Herstellung von Suppen oder zum Aufgießen der Soße stets mitverwendet werden.

Erntefrischer Spargel lässt sich gut einfrieren, dazu wird er gewaschen, geschält und roh portionsweise in Gefrierbeutel verpackt. Er hält im Gefrierschrank etwa 6–8 Monate. Tiefgekühlter Spargel wird vor dem Verbrauch nicht aufgetaut, er kommt gefroren in den Kochsud und wird gegart. So bleibt der Spargel aromatisch und bissfest, die Vitamine werden erhalten.

Eine weitere Möglichkeit, einen Vorrat an leckerem Spargel anzulegen, ist das Einwecken. Man schält den gewaschenen Spargel, legt ihn in saubere Einmachgläser und füllt diese mit leicht gesalzenem, kaltem Wasser auf. Die Gläser werden mit Gummiringen, Deckel und Federklammern verschlossen und in den Einkochtopf mit kaltem Wasser gestellt. Die Gläser sollten dabei zu drei Viertel im Wasser stehen. Die Kochzeit beträgt 50 Minuten, sobald das Wasser den Siedepunkt erreicht hat. Nach Ende der Kochzeit nimmt man die Gläser heraus und lässt sie erkalten. Dann löst man die Federklammern und überprüft, ob die Gläser wirklich geschlossen sind. Eingekochter Spargel kann mindestens ein Jahr, meist jedoch erheblich länger, aufbewahrt werden.

Spargel enthält nur sehr wenig Nitrat, deshalb können Reste von Spargelgerichten problemlos wieder aufgewärmt werden. Man lässt sie rasch abkühlen und bewahrt sie bis zum weiteren Verzehr im Kühlschrank auf.

Zwar wird Spargel meist gekocht, es ist jedoch auch möglich, Spargel roh zu essen, wobei allerdings auf das besondere Spargelaroma weitgehend verzichtet werden muss. Die im Spargel enthaltene Asparaginsäure entfaltet sich nämlich erst beim Kochen.

Ganz traditionell wird Spargel häufig mit Schinken serviert. Das feine Aroma von heiß- oder kaltgeräucherten Schinkenspezialitäten in Verbindung mit dem zarten Geschmack von weißem Spargel ist ein Hochgenuss.

Servieren Sie einen würzigen, westfälischen Knochenschinken, der über kaltem Buchenholz-Rauch mild geräuchert wurde.

Besonders köstlich schmeckt der kräftige, über Tannenreisig kaltgeräucherte Schwarzwälder Schinken.

Katenschinken aus Norddeutschland hat ein kräftiges, herzhaftes Aroma, er wird mild geräuchert und reift mindestens vier Monate.

Hauchdünn geschnitten wird der italienische Parmaschinken mit seinem milden, nussartigen Geschmack. Er wird mit Meersalz gesäuert und bis zu zwei Jahre in speziellen Reifehäusern luftgetrocknet.

Aus der Schweiz kommt das Bündner Fleisch, das sehr mild ist und eine feste Struktur aufweist. Diese Spezialität aus Rindfleisch wird luftgetrocknet und immer in hauchdünnen Scheiben zum Spargel serviert.

Aus Kotelettfleisch gewinnt man den milden, kalorienarmen Lachsschinken, der nur kurz kaltgeräuchert wird.

Neben geräucherten Schinkenköstlichkeiten passt zu Spargel auch gekochter Vorder- oder Hinterschinken. Er wird gepökelt und anschließend gekocht. Kochschinken ist besonders mild im Geschmack und saftig.

Was wäre ein feines Spargelgericht ohne einen erlesenen Wein. Er sollte nach der jeweiligen Zubereitungsart des Gerichtes, aber vor allem nach dem persönlichen Geschmack ausgewählt werden.

Zu Spargel mit zerlassener Butter gehören trockene, mittelschwere Weine wie Sauvignon blanc, Weißburgunder oder Chardonnay.

Spargel mit Sauce hollandaise ergänzt sich mit körperreichem, trockenem Weißburgunder oder Bordeaux.

Zu Spargel mit Schaumsoßen serviert man fruchtige Weißweine, z. B. halbtrockenen Riesling von der Mosel oder aus der Pfalz, aber auch Muskatweine aus dem Elsass.

Zu Spargelsalaten reicht man leichte, trockene Weißweine, z. B. einen Silvaner aus Franken oder badische Weine. Sehr gut passen auch leichte Weine aus Frankreich oder Italien dazu.

Rund um die Erdbeeren

Heute wird die große Cousine der Walderdbeere, die in Europa und Südamerika gezüchtete Gartenerdbeere, auch in Kulturen angebaut und ist fast das ganze Jahr über erhältlich. Am besten aber schmeckt die „Königin aller Beeren“ natürlich, wenn man sie selbst gesammelt hat. Schon die Könige von Hannover und von Baden-Württemberg ließen vor Jahrhunderten Erdbeeren in ihren Gärten züchten. Aus vielen Quellen erfahren wir, dass die Walderdbeere als Wildfrucht seit jeher beliebt war. Nachdem man gelernt hatte, Wildsaaten zu kultivieren, gelang das auch bei Wildfrüchten. Da der außerordentlich aromatische und erfrischende Geschmack der Walderdbeeren die Menschen schon immer sehr ansprach, wandte man sich bereits früh intensiv ihrem Anbau und ihrer Kultivierung zu.

Auch die vielen Menschen, die in der Großstadt leben und keinen Garten besitzen, müssen auf den Genuss selbst gepflückter Erdbeeren nicht verzichten. Sie brauchen keine langen Märsche mehr in Kauf zu nehmen, durch dichtes Gebüsch kriechen und sich die Hände an dornigen Ranken zerkratzen. Mitunter finden sie auch nicht den Weg in die Natur, zumal sich dort die Reife der Beeren viel Zeit nimmt, die Früchte nicht gleichzeitig reif werden und ergiebiges Sammeln nicht immer möglich ist.

Heute wachsen dem modernen Menschen, der oft unter Zeitnot steht und deshalb Erholung besonders nötig hat, die in der freien Natur selten gewordenen Beerenfrüchte quasi in den Mund. Auf großzügig angelegten Plantagen wachsen sie in einem natürlichen Reifeprozess – ausschließlich für die Direktvermarktung – heran, also nicht erst auf dem Transport(!).

Die „Vorfahren“ unserer Gartenerdbeere fanden auch Siedler, als sie sich in Amerika niedergelassen hatten. Man kreuzte viele der heimischen Arten miteinander und veredelte sie durch gezielte Zucht. Das eigentliche Problem war dabei nicht der Geschmack, sondern größere, ansehnlichere und den Unbilden der Natur trotzende Früchte zu erhalten. In langen Zeiträumen und unzähligen Versuchen gelang es schließlich, aus zahllosen, weniger verheißungsvollen Arten – jedoch in vielfältigen Variationen – die heutigen Pflanzen und Früchte herauszufiltern. Ähnlich wie beim Wein eignen sich allerdings nur besondere Gebiete und Bodenarten für einen erfolgversprechenden Anbau. Viel Sonne, Wärme und ausreichend Regen bilden eine gute Grundlage. Zwar kann in sorgfältiger und intensiver Bearbeitung nachgeholfen und der Boden zubereitet werden, aber das Klima und die Witterungseinflüsse entziehen sich unseren Bemühungen.

Gartenerdbeeren gehören zu den Rosengewächsen. Sie lieben humus- und nährstoffreiche Böden – da sie ursprünglich Waldpflanzen waren. Ihr Anbau ist zwar recht arbeitsintensiv, wird aber mit einem schnellen und guten Ernteerfolg belohnt. Ein Hektar intensiver Erdbeerkultur kann in guten Jahren mehrere tausend Kilogramm Früchte hervorbringen. Wir unterscheiden ein- und zweimal im Jahr tragende Sorten. Für einen erfolgreichen Anbau sind Lagen mit durchschnittlichen Jahrestemperaturen um 7 Grad Celsius am besten geeignet. Bevorzugt werden ebene Flächen oder leichte Südwesthänge. Weniger gut gedeihen Erdbeeren an ungeschützten Ost- und Nordhängen. In höheren Lagen kommt die Erdbeere später zur Blüte, sodass ihr späte Frühjahrsfröste kaum etwas anhaben können.

Bedingung für ein gutes Wachstum und große Früchte sind ausreichende Niederschläge. Ideal ist eine jährliche Niederschlagsmenge von 600 bis 700 Millimetern. Die Erdbeere ist gegen Feuchtigkeit recht empfindlich. Sie will zwar während der Fruchtreife ausreichend Wasser, zuviel Feuchtigkeit bekommt ihr jedoch nicht, denn das fördert die Grauschimmelbildung (Botrytis) an den Früchten. Vorteilhaft sind kräftige, aber nicht zu häufige Regengüsse anstelle von andauerndem Landregen. Dem Wind ausgesetzte Lagen bieten der Erdbeere nicht die besten Bedingungen und extreme, frostgefährdete Tallagen sind für ihren Anbau ebenfalls ungeeignet.

Erdbeeren sollten im Juli oder Anfang August gepflanzt werden, jedoch nie später als Mitte September. Die eigentliche Saison der runden Vitaminbömbchen ist im Sommer, hat sich aber Dank der Kultivierung einiger Arten verlängert und deshalb sind Erdbeeren heute fast das ganze Jahr über erhältlich.

Mit ihren meist leuchtenden Farben ziehen Beeren aller Art nicht nur Menschen sondern vor allem Vögel an, die durch ihre unstete Lebensweise für die Verbreitung gesorgt haben: Sie fressen die Früchte und scheiden später die Samen an anderen Orten wieder aus. Die Farbenpracht beeindruckt auch Hobbygärtner. Beliebt sind Rabatten, deren Ränder mit Erdbeeren, die im Jahr mehrmals blühen, eingerahmt werden.

Die Früchte – winzig im Vergleich zu den Hochzüchtungen – können immer wieder neu geerntet werden und sind äußerst aromatisch und schmackhaft. Sie wachsen in unvorstellbarer Dichte und geben dem Garten dadurch ein besonderes Gepräge.

Die Farbe der ehemals nur wild wachsenden Waldfrüchte ist aber keine „leere Versprechung“, denn die meisten Beeren besitzen viele wichtige Nähr- und Wirkstoffe. Einige sind besonders reich an Ölen und Eiweiß, andere an Zucker (Kohlehydraten) und Stärke und fast die gesamte Beerenfamilie steckt voller Gerbsäuren und unterschiedlicher Vitamine. Wussten Sie, dass Erdbeeren 50 Prozent mehr Vitamin C enthalten als Zitronen? Mit einer Hand voll frischer Erdbeeren ist bereits ein erheblicher Teil unseres täglichen Bedarfs an Vitaminen und Mineralstoffen gedeckt. Vor allem die Vitamine A, B_1, B_2 und C machen Erdbeeren so gesund. Vitamin A stärkt die Sehkraft, die Vitamine der B-Gruppe werden von jeder einzelnen Körperzelle für den Stoffwechsel, für den Aufbau des roten Blutfarbstoffs (Hämoglobin) und für die Funktion des Nervensystems benötigt. Und Vitamin C schließlich schützt den Körper vor Infektionen und fördert die Blutbildung. An Mineralstoffen enthalten Erdbeeren vor allem Natrium, Kalzium, Phosphor und Kalium. Aber sie besitzen nicht nur einen hohen Vitamin- und Mineralstoffgehalt, sondern sind auch sehr bekömmlich. Außerdem besitzen Erdbeeren blutbildendes Eisen, Ballaststoffe und einen hohen Anteil an Folsäure. Hundert Gramm Erdbeeren haben nur ganze 37 Kalorien/148 KJ. Das macht die Früchte nicht nur für ernährungsbewusste Kaloriensparer so interessant, denn hier dürfen sie nach Herzenslust und Laune ganz ohne Reue schlemmen. Und noch ein Vorteil der roten Verführer: Sie reinigen die Zähne, machen sie weiß und entfernen Zahnbelag.

Zum Nachtisch rechnet man nach einem normalen Drei-Gänge-Menü pro Person mit etwa 300, nach einem deftigen und reichhaltigen Essen mit ungefähr 200 Gramm Erdbeeren. Als Zwischenmahlzeit mit (geschlagener) Sahne, Vanillesoße oder Eis können Sie beruhigt bis zu 500 Gramm pro Personen einkalkulieren. Zum Dessert der französischen Küche benötigt man zirka 100 Gramm der köstlichen Früchte. Hochachtung vor denen, die zwischendurch mal eben ein Kilogramm vernaschen können!

Die besten Spargelrezepte

Spargelcremesuppe mit Frischkäse

Für 4 Personen:

500 g weißer Spargel
750 ml Gemüsebrühe
50 g Butter
½ Zitrone
1 TL Zucker

Außerdem:
200 ml süße Sahne
Speisestärke zum Binden
200 g Doppelrahmfrischkäse
Salz, Pfeffer aus der Mühle
1 Prise Muskat
1 Prise Cayennepfeffer
50 g gemischte, frische Kräuter (Kerbel, Petersilie, Schnittlauch)
Kerbelblättchen zum Garnieren

1. Den Spargel dünn schälen und die unteren Enden abschneiden.

2. Die Gemüsebrühe in einem Topf erhitzen, die Butter, die Zitronenhälfte und den Zucker dazugeben und zum Kochen bringen.

3. Die Spargelstangen in den Sud legen und bissfest garen. Die Hälfte des Spargels herausnehmen und für die Einlage zurücklegen.

4. Den restlichen Spargel weitere 10-12 Minuten köcheln lassen und anschließend im Mixer oder mit dem Pürierstab pürieren.

5. Die Spargelsuppe durch ein Sieb streichen, mit der Sahne in einem Topf erneut erhitzen.

6. Die Suppe mit etwas angerührter Speisestärke leicht binden und den Frischkäse einrühren.

7. Die Spargelcremesuppe mit Salz, Pfeffer, Muskat und Cayennepfeffer kräftig abschmecken und die verlesenen, gewaschenen und fein geschnittenen Kräuter unterheben.

8. Die Spargelstangen in mundgerechte Stücke schneiden, in der Suppe erhitzen, die Suppe mit Kerbelblättchen garnieren und servieren.

Zubereitungszeit: 25-30 Minuten

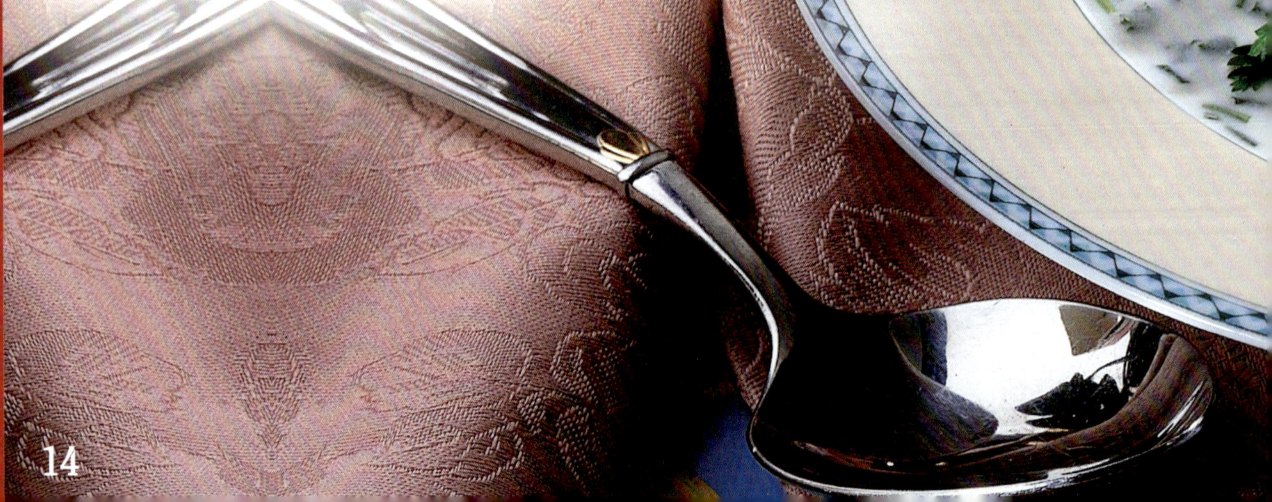

Italienischer Spargelsalat mit rohem Schinken

Für 4 Personen:

1 kg grüner Spargel
1 l Salzwasser oder Gemüsebrühe
50 g Butter
½ Zitrone
1 TL Zucker
Salz, Pfeffer aus der Mühle
1 Prise Muskat
1 kleiner Kopf Radicchio
50 g schwarze Oliven
200 g Kirschtomaten
100 g roh geräucherter Schinken

Für das Dressing:
100 ml Spargelfond
75 ml weißer Balsamicoessig
1 Prise Cayennepfeffer
1–2 EL Honig
100 ml Olivenöl

Außerdem:
75 g gemischte Sprossen
50 g frisch gehobelter Parmesankäse
Basilikum zum Garnieren

1. Den grünen Spargel putzen und die unteren Enden abschneiden.

2. Salzwasser oder Gemüsebrühe mit der Butter, der Zitronenhälfte und dem Zucker in einem Topf zum Kochen bringen. Mit Salz, Pfeffer und Muskat würzen.

3. Den Spargel in den Sud einlegen und bei mäßiger Hitze bissfest garen, herausnehmen, gut abtropfen lassen und auf Tellern anrichten.

4. Den Radicchio verlesen, waschen, zerpflücken oder in Streifen schneiden.

5. Mit den gut abgetropften Oliven und den gewaschenen, halbierten oder geviertelten Kirschtomaten sowie dem in hauchdünne Scheiben geschnittenen Schinken auf dem Spargel verteilen.

6. Für das Dressing den Spargelfond mit dem Balsamicoessig verrühren. Mit Salz, Pfeffer, Cayennepfeffer und Honig abschmecken. Zum Schluss das Olivenöl einrühren.

7. Den Salat mit dem Dressing beträufeln, mit den verlesenen, gewaschenen und gut abgetropften Sprossen und dem Parmesankäse bestreuen. Mit Basilikum garnieren und servieren.

Zubereitungszeit: 25–30 Minuten

Spargelsalat mit Garnelen und Mangos

Für 4 Personen:

1 kg weißer Spargel
1 l Salzwasser oder Gemüsebrühe
50 g Butter
½ Zitrone
1 TL Zucker
Salz, Pfeffer aus der Mühle
1 Prise Muskat
100 g Friséesalat
1 Mango
200 g geschälte, vorgegarte Garnelenschwänze
2–3 EL Olivenöl
2 Schalotten
2 Knoblauchzehen
1 Prise Cayennepfeffer
1 Msp. gemahlener Koriander
50 g Kräuterbutter

Für das Dressing:
50 ml Weißweinessig
2–3 EL Kräutersenf
50 ml Spargelfond
1 TL Zucker
75 ml Olivenöl
Koriandergrün und Radieschen zum Garnieren

1. Den Spargel dünn schälen und die unteren Enden abschneiden.

2. Salzwasser oder Gemüsebrühe mit der Butter, der Zitronenhälfte und dem Zucker in einem Topf zum Kochen bringen. Mit Salz, Pfeffer und Muskat würzen.

3. Die Spargelstangen in den Sud legen und bei mäßiger Hitze bissfest garen, herausnehmen, gut abtropfen lassen und auf Tellern anrichten.

4. Den Friséesalat verlesen, waschen, gut abtropfen lassen, zerpflücken oder in 1 cm dicke Streifen schneiden.

5. Die Mango dünn schälen, das Fruchtfleisch vom Kern schneiden und würfeln, mit dem Friséesalat vermischen.

6. Die Garnelenschwänze im Olivenöl anbraten, die geschälten und fein gewürfelten Schalotten und Knoblauchzehen dazugeben und kurz mitbraten.

7. Die Garnelen mit Salz, Pfeffer, Cayennepfeffer und Koriander würzen. Zum Schluss die Kräuterbutter untermischen.

8. Den Friséesalat und die Mangowürfel dazugeben und kurz durchschwenken, nachwürzen und den Salat gleichmäßig auf den Spargelstangen verteilen.

9. Für das Dressing den Weißweinessig mit dem Kräutersenf, dem Spargelfond und dem Zucker in einer Schüssel so lange rühren, bis sich der Zucker aufgelöst hat. Mit Salz, Pfeffer und Cayennepfeffer würzen. Das Olivenöl einrühren und das Dressing über den Salat gießen.

10. Den Spargelsalat mit Koriandergrün und Radieschen garnieren und servieren.

Zubereitungszeit: 25–30 Minuten

Spargelterrine im Lachsmantel

Für 4 Personen:

1 kg grüner Spargel
750 ml Gemüsebrühe
½ Zitrone
Salz, Pfeffer aus der Mühle
1 Prise Muskat
1 Prise Cayennepfeffer
einige Tropfen Worcestersoße
125 g Crème fraîche
50 g Sahnemeerrettich
8–10 Blatt weiße Gelatine

Außerdem:
250 g Räucherlachs in Scheiben
200 ml süße Sahne
100 g Kirschtomaten
2–3 Schalotten
100 ml Spargelfond
75 ml Kräuteressig
2 EL Karamellsirup
2 EL mittelscharfer Senf
75 ml Olivenöl
Radieschen, Koriandergrün und Kresse zum Garnieren

1. Den Spargel putzen, die unteren Enden abschneiden. Die Brühe mit der Zitronenhälfte in einem Topf erhitzen, mit Salz, Pfeffer, Muskat, Cayennepfeffer und Worcestersoße kräftig würzen. Die Spargelstangen in den Sud legen und bei mäßiger Hitze bissfest garen, herausnehmen und gut abtropfen lassen.

2. 600 ml Spargelfond abmessen und erhitzen. Die Crème fraîche und den Meerrettich einrühren. Die gut gewässerte Gelatine ausdrücken und im Sud auflösen, vom Herd nehmen und erkalten lassen.

3. Eine Terrinenform mit Klarsichtfolie auskleiden und mit Räucherlachsscheiben auslegen.

4. Die Sahne steif schlagen, vorsichtig unter die Spargelcreme heben, abschmecken und die Creme schichtweise mit 250 g Spargelstangen in die Form füllen. Die restlichen Räucherlachsscheiben darauflegen, mit Klarsichtfolie abdecken und im Kühlschrank fest werden lassen.

5. Die Kirschtomaten waschen, den Strunk herausschneiden, die Tomaten halbieren oder vierteln.

6. Die Schalotten schälen und in feine Scheiben schneiden. Den Spargelfond, den Kräuteressig, den Karamellsirup und den Senf in einer Schüssel so lange rühren, bis sich der Karamellsirup aufgelöst hat. Mit Salz, Pfeffer und Cayennepfeffer abschmecken. Zum Schluss das Öl in das Dressing rühren.

7. Die Spargelterrine auf eine Arbeitsplatte stürzen, die Klarsichtfolie entfernen und die Spargelterrine in Scheiben schneiden. Mit dem restlichen grünen Spargel dekorativ anrichten, mit den Schalotten und den Kirschtomaten belegen, mit dem Dressing überziehen. Mit Radieschenscheiben, Koriandergrün und Kresse garnieren und servieren.

Zubereitungszeit: 30–35 Minuten ohne Wartezeit

Spargeltoast mit gebratenen Egerlingen

Für 4 Personen:

500 g grüner Spargel
500 g weißer Spargel
1 l Salzwasser oder Gemüsebrühe
50 g Butter, ½ Zitrone
Salz, Pfeffer aus der Mühle
1 Prise Muskat
1 Prise Cayennepfeffer

Außerdem:
200 g Egerlinge
Saft von ½ Zitrone
2–3 EL Butter
2 Schalotten
100 g Kirschtomaten
8–12 Scheiben Toastbrot

Für die Soße:
4 Eigelb, 100 ml Weißwein
einige Tropfen Zitronensaft
einige Tropfen Worcestersoße
1 Prise Zucker
150 ml flüssige, handwarme Butter
30 g gemischte, frische Kräuter (Dill, Kerbel, Estragon)
Kräuterzweige zum Garnieren

1. Den grünen und den weißen Spargel putzen, je nach Bedarf dünn schälen und die unteren Enden abschneiden. Salzwasser oder Brühe mit der Butter und der Zitronenhälfte in einem Topf zum Kochen bringen. Mit Salz, Pfeffer, Muskat und Cayennepfeffer würzen.

2. Den Spargel sortenweise im Sud bissfest garen, herausnehmen und gut abtropfen lassen.

3. Die Egerlinge putzen, nach Bedarf halbieren oder vierteln und mit Zitronensaft beträufeln. Die Butter in einer Pfanne erhitzen, die geschälten und fein gewürfelten Schalotten darin glasig schwitzen.

4. Die Egerlinge dazugeben und kurz mitschwitzen. Die Tomaten waschen, den Strunk herausschneiden und die Tomaten halbieren oder vierteln. Zu den Schalotten geben und dünsten. Mit Salz, Pfeffer, Muskat und Cayennepfeffer kräftig abschmecken.

5. Das Toastbrot toasten, auf ein Backblech legen, mit den Spargelstangen und den Egerlingen belegen.

6. Für die Soße die Eigelbe mit dem Weißwein in einer feuerfesten Schüssel glatt rühren. Mit Zitronensaft, Worcestersoße, Zucker, Salz, Pfeffer und Cayennepfeffer würzen und im Wasserbad oder auf dem Herd zu einem Schaum aufschlagen.

7. Die Eicreme vom Herd nehmen und die flüssige, handwarme Butter mit dem Schneebesen tropfenweise einrühren. Zum Schluss die verlesenen, gewaschenen und fein gehackten Kräuter untermischen.

8. Die Soße auf den Toastscheiben verteilen und unter dem Grill kurz überbacken. Anschließend herausnehmen, anrichten, mit Kräuterzweigen garnieren und servieren.

Zubereitungszeit: 30–35 Minuten

Schrobenhauser Spargelquiche mit Frischkäse

Für 4 Personen:

400 g frischer, weißer Spargel
400 g grüner Spargel
1 l Gemüse- oder Geflügelbrühe zum Garen
40 g Butter
40 g Mehl
400 ml Spargelfond
200 ml süße Sahne
Salz, Pfeffer aus der Mühle
1 Prise Muskat
1 Prise Cayennepfeffer
1 Prise Zucker
125 g geriebener Butterkäse
125 g Frischkäse
1 Bund Dill
1 Packung Quiche-Teig (Fertigprodukt aus dem Kühlregal)
Tomatenecken und Dillzweige zum Garnieren

1. Den weißen und den grünen Spargel putzen, den weißen Spargel dünn schälen.

2. Die Gemüse- oder Geflügelbrühe erhitzen und den Spargel darin bissfest garen, herausnehmen und gut abtropfen lassen.

3. Die Butter in einem Topf erhitzen. Das Mehl mit dem Schneebesen einrühren, 400 ml kalten Spargelfond angießen und das Ganze zu einer sämigen Soße verkochen.

4. Die Sahne unterrühren und einmal aufkochen lassen. Mit Salz, Pfeffer, Muskat, Cayennepfeffer und Zucker kräftig abschmecken, vom Herd nehmen und leicht erkalten lassen.

5. Den geriebenen Butterkäse und den Frischkäse mit dem verlesenen, gewaschenen und fein geschnittenen Dill unter die Soße ziehen.

6. Den Quiche-Teig ausrollen und ein großes Backblech oder vier Pizzaformen damit auslegen. Die Spargelstangen gleichmäßig darauf verteilen. Mit der Soße überziehen und im auf 180–200 °C vorgeheizten Backofen 25–30 Minuten backen.

7. Nach Ende der Backzeit die Spargeltorte herausnehmen, dekorativ anrichten, mit Tomatenecken und Kräuterzweigen garnieren und servieren.

Zubereitungszeit: 45–50 Minuten

Buntes Spargelgemüse mit Krebsschwänzen

Für 4 Personen:

500 g weißer Spargel
1 l Salzwasser oder Gemüsebrühe
30 g Butter
½ Zitrone
1 TL Zucker
Salz, Pfeffer aus der Mühle
1 Prise Muskat
1 Prise Cayennepfeffer

Außerdem:
200 g Kartoffeln
200 g Karotten
200 g Sellerie
200 g Rosenkohl
200 g grüne Bohnen
250 g gekochte, geschälte Flusskrebsschwänze oder Garnelen
1 Bund Petersilie

1. Den Spargel dünn schälen und die unteren Enden abschneiden.

2. Salzwasser oder Gemüsebrühe mit der Butter und der Zitronenhälfte in einem Topf zum Kochen bringen. Mit Zucker, Salz, Pfeffer, Muskat und Cayennepfeffer kräftig würzen.

3. Die Spargelstangen in den Sud legen und bei mäßiger Hitze bissfest garen, herausnehmen, gut abtropfen lassen und in mundgerechte Stücke schneiden.

4. Die Kartoffeln schälen, waschen und mit einem Kugelausstecher ausstechen. Die Karotten dünn schälen und in mundgerechte Stücke schneiden.

5. Den Sellerie putzen, waschen und in Stücke schneiden. Mit den Kartoffelkugeln und den Karotten im Spargelsud bei mäßiger Hitze 10 Minuten köcheln lassen.

6. In der Zwischenzeit den Rosenkohl putzen, nach Bedarf halbieren oder vierteln, die Bohnen putzen, zum Gemüse geben und weitere 10–15 Minuten garen.

7. Nach Ende der Garzeit die Spargelstücke und die Krebsschwänze in den Gemüseeintopf geben und erhitzen, nochmals abschmecken, anrichten, mit der verlesenen, gewaschenen und fein gehackten Petersilie bestreuen und servieren.

Zubereitungszeit: 30–35 Minuten

Gebackener Spargel mit Orangen-Mango-Sosse

Für 4 Personen:

1 kg weißer Spargel
1 l Salzwasser oder Gemüsebrühe
30 g Butter, ½ Zitrone
1 TL Zucker
Salz, Pfeffer aus der Mühle
1 Prise Muskat
1 Prise Cayennepfeffer

Außerdem:
Mehl zum Wenden, 4 Eier
250 g Semmelbrösel
50 g Sesamsamen
Fett zum Ausbacken

Für die Soße:
2 Zwiebeln, 2 Knoblauchzehen
2–3 EL Olivenöl
250 ml Weißwein
50 g Mango-Chutney
200 ml Spargelfond
Speisestärke zum Binden
2 Orangen
2–3 EL Obstessig, 2–3 EL Honig
1 Msp. Chiliflocken
1 Bund Schnittlauch

1. Den Spargel dünn schälen und die unteren Enden abschneiden. Salzwasser oder Gemüsebrühe mit der Butter, der Zitronenhälfte und dem Zucker in einem Topf zum Kochen bringen. Mit Salz, Pfeffer, Muskat und Cayennepfeffer abschmecken.

2. Die Spargelstangen in den Sud legen und bei mäßiger Hitze bissfest garen, herausnehmen und gut abtropfen lassen.

3. Die Spargelstangen in Mehl wenden. Die Eier in einer Schüssel verschlagen. Semmelbrösel und Sesamsamen in einer zweiten Schüssel vermischen.

4. Die Spargelstangen durch die Eier ziehen und mit den Semmelbröseln panieren.

5. Fett in einem Topf erhitzen und die Spargelstangen darin goldgelb ausbacken, herausnehmen und warm stellen.

6. Für die Soße die Zwiebeln und die Knoblauchzehen schälen, fein würfeln und im erhitzten Olivenöl glasig schwitzen.

7. Den Weißwein, das Mango-Chutney und 200 ml Spargelfond angießen und einmal kräftig aufkochen lassen. Mit etwas angerührter Speisestärke leicht binden, mit Salz, Pfeffer und Cayennepfeffer kräftig würzen.

8. Die Orangen schälen, filieren, die Orangenfilets in Stücke schneiden, mit dem Obstessig, dem Honig und den Chiliflocken unter die Soße ziehen, aufkochen lassen und nochmals abschmecken.

9. Die gebackenen Spargelstangen anrichten, die Orangen-Mango-Soße dazugeben, mit Schnittlauchröllchen bestreuen und servieren.

Zubereitungszeit: 35–40 Minuten

Tomaten-Spargel-Ragout mit Hähnchenbrust

Für 4 Personen:

1 kg grüner Spargel
1 l Salzwasser oder Gemüsebrühe
50 g Butter, ½ Zitrone
1 TL Zucker
Salz, Pfeffer aus der Mühle
1 Prise Muskat
1 Prise Cayennepfeffer

Für das Ragout:
150 g Schalotten
2–3 Knoblauchzehen
2–3 EL Butter, 2–3 Tomaten
einige Tropfen Zitronensaft
1–2 EL Olivenöl, 2 Schalotten
100 g Tomatenmark
400 ml passierte Tomaten

Außerdem:
4 Hähnchenbrustfilets
2–3 EL Butterschmalz
1–2 EL Honig
2–3 EL Weißweinessig
50 g gehobelter Parmesankäse
Basilikum zum Garnieren

1. Den Spargel putzen und die unteren Enden abschneiden. Salzwasser oder Gemüsebrühe mit der Butter, der Zitronenhälfte und dem Zucker in einem Topf zum Kochen bringen. Mit Salz, Pfeffer, Muskat und Cayennepfeffer abschmecken.

2. Die Spargelstangen in den Sud legen und bissfest garen, herausnehmen und gut abtropfen lassen.

3. Für das Ragout die Schalotten und die Knoblauchzehen schälen und in Würfel oder Scheiben schneiden. Die Butter in einer Pfanne erhitzen, Schalotten und Knoblauch darin anbraten.

4. Die Tomaten waschen, den Strunk herausschneiden, die Tomaten halbieren, entkernen und in Streifen schneiden. Mit dem Spargel zu den Knoblauchschalotten geben und braten. Mit Zitronensaft beträufeln, mit Salz, Pfeffer, Muskat und Cayennepfeffer würzen.

5. Das Olivenöl in einer zweiten Pfanne erhitzen. Die Schalotten schälen, fein würfeln, ins Fett geben und glasig schwitzen. Das Tomatenmark einrühren, die passierten Tomaten angießen und einmal aufkochen lassen. Mit Salz, Pfeffer, Cayennepfeffer und Zucker würzen.

6. Die küchenfertigen Hähnchenbrustfilets unter fließendem Wasser waschen, trockentupfen, mit Salz und Pfeffer würzen. Das Schmalz erhitzen und die Hähnchenbrustfilets darin auf beiden Seiten anbraten.

7. Die Filets im auf 180–200 °C vorgeheizten Backofen 12–15 Minuten garen. Fünf Minuten vor Garende den Honig und den Essig verrühren und die Filets damit bestreichen.

8. Das Tomaten-Spargel-Ragout anrichten, die Hähnchenbrustfilets in Scheiben auf dem Ragout anrichten. Mit gehobeltem Parmesankäse bestreuen, mit Basilikum garnieren und servieren.

Zubereitungszeit: 35–40 Minuten

Putenrouladen mit Spargelfüllung

Für 4 Personen:

4 große, dünne Putenschnitzel
Salz, Pfeffer aus der Mühle
2 EL Kräutersenf
200 g feines Rinderhack
50 ml süße Sahne
30 g frische, gehackte Kräuter (Petersilie, Basilikum)
1 TL geriebene Zitronenschale
1 Ei
150 g bissfest gegarter Spargel
2–3 EL Butterschmalz
100 ml Weißwein
400 ml Spargelfond

Außerdem:
200 ml süße Sahne
Speisestärke zum Binden
einige Tropfen Zitronensaft
einige Tropfen Worcestersoße
1 Prise Cayennepfeffer
100 g geriebener Butterkäse
Basilikum und Spargelspitzen zum Garnieren

1. Die Putenschnitzel unter fließendem Wasser waschen, trockentupfen, mit Salz und Pfeffer würzen und auf eine Arbeitsfläche legen.

2. Die Putenschnitzel mit dem Kräutersenf bestreichen.

3. Das Rinderhack mit der Sahne, den Kräutern, der Zitronenschale und dem Ei in einer Schüssel zu einer glatten Masse verrühren. Mit Salz und Pfeffer würzen.

4. Die Hackfleischmasse gleichmäßig auf die Putenschnitzel streichen. Den Stangenspargel darauflegen, die Schnitzel zu Rouladen formen, mit Küchenschnur binden oder mit Rouladennadeln feststecken.

5. Das Butterschmalz in einem Bräter erhitzen und die Putenrouladen darin rundherum Farbe nehmen lassen. Den Weißwein und den Spargelfond angießen und im auf 180–200 °C vorgeheizten Backofen 20–25 Minuten garen.

6. Nach Ende der Garzeit die Putenrouladen herausnehmen und warm stellen. Die Sahne in die Soße einrühren und einmal kräftig aufkochen lassen. Mit etwas angerührter Speisestärke leicht binden.

7. Die Soße mit Zitronensaft, Worcestersoße, Salz, Pfeffer und Cayennepfeffer kräftig abschmecken und in eine Auflaufform geben. Die Putenrouladen einsetzen, mit geriebenem Butterkäse bestreuen und im auf 200–220 °C vorgeheizten Backofen 6–8 Minuten überbacken.

8. Die Putenrouladen mit der Soße auf heißen Tellern anrichten, mit Basilikum und Spargelspitzen garnieren, mit Grilltomaten, Butternudeln und Spargel servieren.

Zubereitungszeit: 40–45 Minuten

Orangenente mit Chilispargel

Für 4 Personen:

1 küchenfertige Ente (etwa 1,5 kg)
Salz, Pfeffer aus der Mühle
1 EL gerebelter Majoran
1 kleiner Apfel
1 Orange
1 Zwiebel
Saft von 2 Orangen
250 ml Gemüse- oder Geflügelbrühe

Für den Chilispargel:
1 kg grüner Spargel
1 l Salzwasser oder Gemüsebrühe
50 g Butter
½ Zitrone

Außerdem:
1 Zwiebel
1 rote und 1 grüne Chilischote
1–2 EL Butter
100 ml Weißwein
2–3 EL Honig
Speisestärke zum Binden
Orangenscheiben und Physalis zum Garnieren

1. Die Ente unter fließendem Wasser waschen, trockentupfen, mit Salz, Pfeffer und Majoran innen und außen würzen.

2. Den Apfel waschen, die Orange unter heißem Wasser abbürsten, die Zwiebel schälen, in grobe Würfel schneiden, die Ente damit füllen und in einen Bräter setzen.

3. Den Orangensaft und die Gemüse- oder Geflügelbrühe angießen und die Ente im auf 160–170 °C vorgeheizten Backofen 1 ½–2 Stunden garen.

4. In der Zwischenzeit den Spargel putzen und die unteren Enden abschneiden.

5. Salzwasser oder Gemüsebrühe mit der Butter und der Zitronenhälfte in einem Topf zum Kochen bringen, mit Salz und Pfeffer würzen. Die Spargelstangen in den Sud legen und bissfest garen, herausnehmen, gut abtropfen lassen und warm stellen.

6. Die Zwiebel schälen und fein würfeln. Die Chilischoten halbieren, entkernen, waschen und in Würfel oder Scheiben schneiden.

7. Die Butter in einer Pfanne erhitzen, Zwiebelwürfel und Chilis dazugeben und glasig schwitzen. Den grünen Spargel hinzufügen, durchschwenken, vom Herd nehmen und bereitstellen.

8. Nach Ende der Garzeit die Ente aus dem Ofen nehmen und portionieren. Die Soße zum Spargel geben und einmal kräftig aufkochen lassen. Mit etwas angerührter Speisestärke leicht binden.

9. Nochmals abschmecken, auf heißen Tellern anrichten, die Entenstücke darauflegen, mit Orangenscheiben und Physalis garnieren und servieren.

Zubereitungszeit: etwa 2 Stunden

Zitronenspargel mit Kalbssteaks

Für 4 Personen:

1 kg grüner Spargel
1 l Salzwasser oder Gemüsebrühe
50 g Butter
½ Zitrone
Salz, Pfeffer aus der Mühle
1 Prise Muskat
1 Prise Cayennepfeffer

Für die Soße:
3–4 Schalotten
2–3 Knoblauchzehen
2–3 kleine Zitronen
50 ml Olivenöl
200 g Kirschtomaten
100 ml Weißwein
200 ml Spargelfond
½ TL geschroteter Zitronenpfeffer
1–2 EL Honig

Außerdem:
8 kleine Kalbssteaks à 80–100 g
grob geschroteter Pfeffer
2–3 EL Butterschmalz
Kräuterzweige zum Garnieren

1. Den grünen Spargel putzen und die unteren Enden abschneiden.

2. Salzwasser oder Gemüsebrühe mit der Butter und der Zitronenhälfte in einem Topf zum Kochen bringen. Mit Salz, Pfeffer, Muskat und Cayennepfeffer würzen.

3. Die Spargelstangen in den Sud legen und bei mäßiger Hitze bissfest garen, herausnehmen, gut abtropfen lassen und warm stellen.

4. Die Schalotten und die Knoblauchzehen schälen und in Scheiben schneiden. Die Zitronen unter heißem Wasser abbürsten, halbieren und in dünne Scheiben schneiden.

5. Das Olivenöl in einer Pfanne erhitzen, Schalotten, Knoblauch und Zitronenscheiben darin kräftig braten. Die Spargelstangen dazugeben und kurz mitbraten.

6. Die Kirschtomaten waschen, den Strunk herausschneiden, die Tomaten je nach Größe halbieren oder vierteln, zum Spargel geben und mitbraten.

7. Den Weißwein und den Spargelfond angießen, den Zitronenpfeffer und den Honig einrühren. Mit Salz, Pfeffer, Muskat und Cayennepfeffer würzen.

8. Die küchenfertigen Kalbssteaks unter fließendem Wasser waschen, trockentupfen und mit geschrotetem Pfeffer einreiben.

9. Das Butterschmalz in einer Pfanne erhitzen und die Steaks darin braten, salzen und pfeffern. Mit dem Zitronenspargel auf heißen Tellern anrichten, mit Kräuterzweigen garnieren und mit Spagetti servieren.

Zubereitungszeit: 30–35 Minuten

Spargel mit Sauce béarnaise und Schweinefilet

Für 4 Personen:

1 kg weißer Spargel
1 l Salzwasser oder Gemüsebrühe
50 g Butter
½ Zitrone
Salz, Pfeffer aus der Mühle
1 Prise Muskat
1 Prise Cayennepfeffer

Für die Soße:
4 Eigelb
125 ml Weißwein
einige Tropfen Zitronensaft
einige Tropfen Worcestersoße
1-2 EL Estragonessig
1 Prise Zucker
250 ml flüssige, handwarme Butter
100 ml handwarme, gebundene Bratensoße
einige Zweige Estragon und Kerbel

Außerdem:
8 Schweinemedaillons à 80–100 g
Butterschmalz zum Braten
200 g Kirschtomaten
Kräuterzweige zum Garnieren

1. Den Spargel dünn schälen und die unteren Enden abschneiden. Salzwasser oder Gemüsebrühe mit der Butter und der Zitronenhälfte in einem Topf zum Kochen bringen. Mit Salz, Pfeffer, Muskat und Cayennepfeffer würzen.

2. Die Spargelstangen in den Sud legen und bei mäßiger Hitze bissfest garen, herausnehmen und gut abtropfen lassen, warm stellen.

3. Für die Soße die Eigelbe mit dem Weißwein in eine feuerfeste Schüssel geben und glatt rühren. Mit Zitronensaft, Worcestersoße, Estragonessig, Zucker, Salz und Pfeffer kräftig abschmecken.

4. Das Ganze im Wasserbad oder auf dem Herd zu einem Schaum aufschlagen. Vom Herd nehmen und die flüssige Butter tropfenweise mit dem Schneebesen einrühren.

5. Zum Schluss die Bratensoße einrühren, die verlesenen, gewaschenen und fein gehackten Kräuter untermischen, mit Salz und Pfeffer abrunden.

6. Die küchenfertigen Schweinemedaillons unter fließendem Wasser waschen, trockentupfen, mit Salz und Pfeffer kräftig würzen. Das Butterschmalz in einer Pfanne erhitzen und die Medaillons darin braten.

7. Die Kirschtomaten waschen, den Strunk herausschneiden, die Tomaten halbieren oder vierteln. Kurz vor Garende der Medaillons dazugeben und braten, salzen und pfeffern.

8. Die Medaillons, die Tomaten und den Spargel anrichten, mit der Sauce béarnaise überziehen, mit Kräuterzweigen garnieren und servieren.

Zubereitungszeit: 25–30 Minuten

Kräuterspargel mit scharfem Schweinenacken

Für 4 Personen:

1 kg Schweinenacken (vom Metzger zum Füllen vorbereiten lassen)
Salz, Pfeffer aus der Mühle
250 g Kalbsbrät
1-2 EL Röstzwiebeln (Fertigprodukt)
50 g getrocknete Paprikaschoten oder Tomaten
1 rote Chilischote
2-3 EL Butterschmalz
250 ml dunkles Bier
250 ml Gemüse- oder Fleischbrühe

Für den Kräuterspargel:
1 kg weißer Spargel
1 l Salzwasser oder Gemüsebrühe
½ Zitrone, 150 g Butter
2 Schalotten
100 g gemischte, frische Kräuter (Kerbel, Estragon, Petersilie, Schnittlauch)
200 ml Spargelfond
einige Tropfen Zitronensaft
einige Tropfen Worcestersoße
1 Prise Zucker
Kräuterzweige zum Garnieren

1. Den Schweinenacken waschen, trockentupfen, mit Salz und Pfeffer würzen und auf eine Arbeitsfläche legen. Das gut gewürzte Kalbsbrät mit den Röstzwiebeln in eine Schüssel geben. Die fein geschnittenen Paprikaschoten oder Tomaten, die halbierte, entkernte und in Würfel geschnittene Chilischote hinzufügen und alles zu einer glatten Masse verrühren.

2. Die Masse mit Salz und Pfeffer würzen, auf dem Schweinenacken verteilen, diesen zusammenrollen und mit Küchenschnur binden.

3. Das Schmalz in einem Bräter erhitzen und das Fleisch darin Farbe nehmen lassen. Das Bier und die Brühe angießen und den Braten im auf 160–170 °C vorgeheizten Backofen 80–90 Minuten garen.

4. In der Zwischenzeit den Spargel dünn schälen und die unteren Enden abschneiden. Salzwasser oder Brühe mit der Zitronenhälfte zum Kochen bringen, mit Salz und Pfeffer würzen. Die Spargelstangen einlegen und bei mäßiger Hitze bissfest garen, herausnehmen, gut abtropfen lassen und warm stellen.

5. Die Butter erhitzen, die Schalotten schälen, fein würfeln, ins Fett geben und glasig schwitzen. Die fein geschnittenen Kräuter untermischen. 200 ml Spargelfond angießen und einmal kräftig aufkochen lassen. Mit Zitronensaft, Worcestersoße und Zucker abrunden. Den Spargel einlegen und erhitzen.

6. Den gegarten Schweinenacken aus dem Ofen nehmen und in Scheiben schneiden. Die Soße aufkochen lassen, mit Salz, Pfeffer und Zucker abrunden. Das Fleisch mit der Soße und dem Kräuterspargel anrichten, mit Kräuterzweigen garnieren und mit gebackenen Kartoffelröschen servieren.

Zubereitungszeit: etwa 2 Stunden

Buntes Spargel-Speck-Gemüse mit Rinderfilet

Für 4 Personen:

1 kg weißer Spargel
1 l Salzwasser oder Gemüsebrühe
½ Zitrone
50 g Butter
Salz, Pfeffer aus der Mühle
1 Prise Muskat
1 Bund Fingermöhrchen
300 g grüne Bohnen
100 g Frühstücksspeckscheiben
50 g Butter

Außerdem:
800 g Rinderfilet
2 EL scharfer Senf
2 EL Chilisoße
Kräuterzweige zum Garnieren

1. Den Spargel dünn schälen und die unteren Enden abschneiden.

2. Salzwasser oder Gemüsebrühe mit der Zitronenhälfte und der Butter in einem Topf zum Kochen bringen. Mit Salz, Pfeffer und Muskat würzen.

3. Die Spargelstangen in den Sud legen und bei mäßiger Hitze bissfest garen, herausnehmen, gut abtropfen lassen und in grobe Stücke schneiden.

4. Die Fingermöhrchen putzen, waschen und in mundgerechte Stücke schneiden, im Spargelsud bissfest garen, herausnehmen, gut abtropfen lassen und warm stellen.

5. Die grünen Bohnen putzen und im Spargelfond bissfest garen, herausnehmen und gut abtropfen lassen. Je 6–8 Bohnen in eine Speckscheibe wickeln.

6. Die Butter in einer Pfanne erhitzen, die Spargelstücke, die Möhrchen und die Speckbohnen darin bei mäßiger Hitze kurz braten.

7. Das küchenfertige Rinderfilet unter fließendem Wasser waschen, trockentupfen, mit Salz und Pfeffer würzen. Den Senf mit der Chilisoße verrühren und das Fleisch damit einstreichen.

8. Das Filet in ein entsprechend großes Stück Alufolie wickeln und im auf 180–200 °C vorgeheizten Backofen je nach Dicke des Filets 20–30 Minuten garen.

9. Nach Ende der Garzeit das Filet aus dem Ofen nehmen, die Alufolie entfernen, das Filet in Scheiben schneiden, mit dem Spargelgemüse anrichten, mit Kräuterzweigen garnieren und servieren.

Zubereitungszeit: etwa 1 Stunde

Schweinegeschnetzeltes auf grünem Spargel

Für 4 Personen:

1 kg grüner Spargel
1 l Salzwasser oder Gemüsebrühe
50 g Butter
½ Zitrone
Salz, Pfeffer aus der Mühle
1 Prise Muskat

Für das Geschnetzelte:
800 g Schweinefleisch aus der Oberschale
1 EL geschrotete, schwarze Pfefferkörner
1 EL gerebelter Majoran
2-3 EL Butterschmalz
2-3 Schalotten
1-2 Knoblauchzehen
100 ml Weißwein
400 ml Spargelfond
200 ml süße Sahne
Speisestärke zum Binden
100 g Sahneschmelzkäse
50 g frische, gemischte Kräuter (Petersilie, Schnittlauch, Basilikum)

Außerdem:
2-3 Tomaten
1-2 EL Butter
Kräuterzweige zum Garnieren

1. Den grünen Spargel putzen und die unteren Enden abschneiden. Salzwasser oder Gemüsebrühe mit der Butter und der Zitronenhälfte in einem Topf zum Kochen bringen.

2. Mit Salz, Pfeffer und Muskat würzen, die Spargelstangen einlegen, bei mäßiger Hitze bissfest garen und warm stellen.

3. Das Schweinefleisch unter fließendem Wasser waschen, trockentupfen und in feine Streifen schneiden. Mit geschrotetem Pfeffer und Majoran würzen. Das Butterschmalz in einer Pfanne erhitzen und das Fleisch darin rundherum Farbe nehmen lassen.

4. Die Schalotten und die Knoblauchzehen schälen, fein würfeln, zum Fleisch geben und mitbraten.

5. Den Weißwein, den Spargelfond und die Sahne angießen, zum Kochen bringen und bei mäßiger Hitze 12–15 Minuten köcheln lassen. Mit etwas angerührter Speisestärke leicht binden, mit Salz und Pfeffer abrunden.

6. Den Sahneschmelzkäse und die verlesenen, gewaschenen und fein geschnittenen Kräuter unter das Geschnetzelte ziehen. Die Tomaten waschen, den Strunk herausschneiden, die Tomaten halbieren, entkernen und in Streifen schneiden.

7. Die Butter in einer Pfanne erhitzen und die Tomatenstreifen darin anschwitzen, mit Salz und Pfeffer würzen.

8. Den grünen Spargel auf heißen Tellern anrichten, mit dem Schweinegeschnetzelten überziehen, die Tomatenstreifen daraufgeben, mit Kräuterzweigen garnieren und mit Kartoffelpüree servieren.

Zubereitungszeit: 30–35 Minuten

Spargel mit Lachsragout auf Pernodrahm

Für 4 Personen:

1 kg weißer Spargel
1 l Salzwasser oder Gemüsebrühe
50 g Butter
½ Zitrone
Salz, Pfeffer aus der Mühle
1 Prise Muskat

Für das Ragout:
800 g Lachsfilet
Saft von 1 Zitrone
einige Tropfen Worcestersoße
500 ml Fischfond
1 gespickte Zwiebel (mit Lorbeer und Nelken)
2–3 EL Weißweinessig

Für die Soße:
2–3 EL Butter
1 Zwiebel
300 ml Spargelfond
200 ml süße Sahne
Speisestärke zum Binden
2–3 cl Pernod
1 Prise Cayennepfeffer
1 Prise Zucker
50 g frische Kräuter (Petersilie, Dill, Estragon)
Kräuterzweige zum Garnieren

1. Den Spargel putzen, schälen und die unteren Enden abschneiden. Salzwasser oder Gemüsebrühe mit der Butter und der Zitronenhälfte in einem Topf zum Kochen bringen.

2. Den Sud mit Salz, Pfeffer und Muskat kräftig abschmecken und die Spargelstangen darin bissfest garen, im Sud warm halten.

3. Für das Ragout das küchenfertige Lachsfilet unter fließendem Wasser waschen, trockentupfen und in Würfel schneiden.

4. Mit Zitronensaft und Worcestersoße beträufeln, mit Salz und Pfeffer würzen und im Kühlschrank 10–15 Minuten ziehen lassen.

5. Den Fischfond mit der gespickten Zwiebel und dem Weißweinessig in einem Topf zum Kochen bringen. Die Lachswürfel einlegen und bei mäßiger Hitze in 10 Minuten gar ziehen lassen.

6. Für die Soße die Butter in einem Topf erhitzen. Die Zwiebel schälen, fein würfeln, ins Fett geben und glasig schwitzen.

7. 300 ml Spargelfond und die Sahne angießen und zum Kochen bringen. Mit etwas angerührter Speisestärke leicht binden.

8. Die Soße mit Pernod, Salz, Pfeffer, Muskat, Cayennepfeffer und Zucker kräftig abschmecken und die verlesenen, gewaschenen und fein geschnittenen Kräuter untermischen.

9. Die Lachswürfel und den Spargel aus dem Sud nehmen, abtropfen lassen, auf der Soße anrichten, mit Kräuterzweigen garnieren und mit Butterkartoffeln servieren.

Zubereitungszeit: 30–35 Minuten

Spargel-Schollen-Röllchen auf Paprikasosse

Für 4 Personen:

800 g Schollenfilets
Saft von 1 Zitrone
einige Tropfen Worcestersoße
Salz, Pfeffer aus der Mühle
200 g Blattspinat (TK-Produkt)
300 g bissfest gegarter, grüner Spargel
500 ml Gemüse- oder Fischbrühe
50 ml Obstessig
1 gespickte Zwiebel (mit Lorbeer und Nelken)

Für die Soße:
1 Zwiebel
2 Knoblauchzehen
2 rote Paprikaschoten
2-3 EL Butter
2 EL Paprikamark
1 TL Paprikapulver rosenscharf
300 ml Fischbrühe
200 ml süße Sahne
Basilikum zum Garnieren

1. Die küchenfertigen Schollenfilets unter fließendem Wasser waschen, trockentupfen, mit Zitronensaft und Worcestersoße beträufeln, mit Salz und Pfeffer würzen und im Kühlschrank 10–15 Minuten ziehen lassen.

2. Den Blattspinat auftauen lassen, die Spargelstangen je nach Länge halbieren oder dritteln.

3. Die Schollenfilets auf eine Arbeitsfläche legen, den Blattspinat gleichmäßig darauf verteilen, je 3-4 Spargelstücke darauflegen und einrollen.

4. Die Röllchen mit Zahnstochern feststecken oder mit Küchenschnur binden.

5. Die Gemüse- oder Fischbrühe mit dem Obstessig und der gespickten Zwiebel in einem Topf zum Kochen bringen. Die Spargel-Schollen-Röllchen darin bei mäßiger Hitze in 8–10 Minuten gar ziehen lassen.

6. Für die Soße die Zwiebel und die Knoblauchzehen schälen und fein würfeln. Die Paprikaschoten halbieren, entkernen, waschen und würfeln.

7. Die Butter in einer Pfanne erhitzen, Zwiebeln, Knoblauch und Paprikawürfel darin glasig schwitzen. Das Paprikamark einrühren, mit Paprikapulver bestreuen, mit der Fischbrühe und der Sahne aufgießen und zum Kochen bringen.

8. Die Soße bei mäßiger Hitze 8–10 Minuten köcheln lassen, anschließend im Mixer oder mit dem Pürierstab pürieren. Mit Salz, Pfeffer, Zitronensaft und Worcestersoße abrunden.

9. Die Spargel-Schollen-Röllchen auf der Paprikasoße anrichten, mit Basilikum garnieren und mit gedünstetem Bulgur und glasierten Zwiebeln servieren.

Zubereitungszeit: 30–35 Minuten

Gebratener Seelachs auf Spargel-Petersilien-Creme

Für 4 Personen:

300 g weißer Spargel
200 g Petersilienwurzeln
50 g Butter
100 ml Weißwein
200 ml Gemüsebrühe
200 ml süße Sahne
Salz, Pfeffer aus der Mühle
1 Prise Muskat
1 Prise Cayennepfeffer
einige Tropfen Zitronensaft

Außerdem:
4 Seelachsfilets à 180–200 g
einige Tropfen Weißweinessig
einige Tropfen Worcestersoße
Mehl zum Wenden
Butterschmalz zum Braten
½ Bund Schnittlauch
Spargelspitzen und Zitronenecken zum Garnieren

1. Den Spargel dünn schälen und die unteren Enden abschneiden, den Spargel in kleine Stücke schneiden. Die Petersilienwurzeln schälen, waschen und würfeln.

2. Die Butter in einer Pfanne erhitzen, Spargel und Petersilienwürfel darin glasig schwitzen.

3. Den Weißwein und die Gemüsebrühe angießen und bei mäßiger Hitze 12–15 Minuten dünsten. Die Sahne dazugeben, einmal aufkochen lassen und das Ganze im Mixer oder mit dem Pürierstab pürieren.

4. Die Soße erneut erhitzen, mit Salz, Pfeffer, Muskat, Cayennepfeffer und Zitronensaft kräftig abschmecken.

5. Die küchenfertigen Seelachsfilets unter fließendem Wasser waschen, trockentupfen, mit Weißweinessig und Worcestersoße beträufeln, mit Salz und Pfeffer würzen und im Kühlschrank 10–15 Minuten ziehen lassen.

6. Die Seelachsfilets in Mehl wenden. Butterschmalz in einer Pfanne erhitzen und die Seelachsfilets darin braten.

7. Die Spargel-Petersilien-Creme auf heißen Tellern anrichten, die gebratenen Seelachsfilets darauflegen, mit dem verlesenen, gewaschenen und klein geschnittenen Schnittlauch bestreuen.

8. Mit Spargelspitzen und Zitronenecken garnieren, mit einem Karottengemüse und bissfest gegartem Reis servieren.

Zubereitungszeit: 30–35 Minuten

Scharfer Spargelsalat mit gebackenem Kabeljau

Für 4 Personen:

800 g grüner Spargel
1 l Salzwasser oder Gemüsebrühe
½ Zitrone
50 ml Olivenöl
Salz, Pfeffer aus der Mühle
1 Prise Muskat
1 Prise Cayennepfeffer
2 Schalotten
1–2 rote Chilischoten
100 ml Spargelfond
2–3 EL süße Chilisoße
1 Prise Zucker
100 ml Erdnussöl

Außerdem:
800 g Kabeljaufilet
einige Tropfen Zitronensaft
einige Tropfen Worcestersoße

Für den Backteig:
4 Eigelb, 100 ml Weißwein
3 gehäufte EL Mehl
2 gehäufte EL Speisestärke
4 Eiweiß, Fett zum Ausbacken
Kräuterzweige zum Garnieren

1. Den Spargel putzen und die unteren Enden abschneiden.

2. Salzwasser oder Gemüsebrühe mit der Zitronenhälfte und dem Olivenöl in einem Topf zum Kochen bringen. Mit Salz, Pfeffer, Muskat und Cayennepfeffer abschmecken und den Spargel darin bissfest garen.

3. Den Spargel herausnehmen, gut abtropfen lassen und in eine Schüssel legen.

4. Die Schalotten schälen und fein würfeln, die Chilischoten halbieren, entkernen und fein würfeln und in eine zweite Schüssel geben.

5. Den Spargelfond und die Chilisoße zu den Chilischalotten geben und verrühren. Mit Salz, Pfeffer und Zucker würzen und das Erdnussöl einrühren.

6. Das Dressing über den Spargel gießen und den Salat im Kühlschrank mindestens 10–15 Minuten ziehen lassen.

7. Die Kabeljaufilets unter fließendem Wasser waschen, trockentupfen, mit Zitronensaft und Worcestersoße beträufeln, mit Salz und Pfeffer würzen und im Kühlschrank 10–15 Minuten ziehen lassen.

8. Für den Backteig die Eigelbe mit dem Weißwein, dem gesiebten Mehl und der Speisestärke in eine Schüssel geben und glatt rühren. Leicht salzen und mit Zucker abrunden.

9. Die Eiweiße steif schlagen und vorsichtig unter den Teig heben. Fett in einem Topf erhitzen, die Kabeljaufilets durch den Teig ziehen und im Fett goldgelb ausbacken.

10. Den scharfen Spargelsalat mit den gebackenen Kabeljaufilets dekorativ anrichten, mit Kräuterzweigen garnieren und mit Waffelkartoffeln servieren.

Zubereitungszeit: 35–40 Minuten

Überbackene Spargelnudeln

Für 4 Personen:

je 300 g grüner und weißer Spargel, 2 l Salzwasser
einige Tropfen Olivenöl
300 g Bandnudeln
3–4 EL Butter, 1 Zwiebel
200 g Kirschtomaten
Salz, Pfeffer aus der Mühle
1 Prise Muskat
1 Prise Cayennepfeffer
300 g Mozzarella
Basilikum zum Garnieren

1. Den Spargel putzen und die Spargelspitzen (4–5 cm) abschneiden, den weißen Spargel dünn schälen, beide Spargelsorten mit dem Sparschäler der Länge nach in dünne Streifen schneiden.

2. Das Salzwasser mit dem Olivenöl in einem Topf zum Kochen bringen und die Spargelstreifen und Spargelspitzen darin garen, herausnehmen und gut abtropfen lassen.

3. Die Bandnudeln im Spargelfond bissfest garen, abgießen, abschrecken und gut abtropfen lassen.

4. Die Butter in einer großen Pfanne erhitzen. Die Zwiebel schälen, fein würfeln, ins Fett geben und glasig schwitzen.

5. Die Nudeln und die Spargelstreifen dazugeben und durchschwenken.

6. Die Kirschtomaten waschen, den Strunk herausschneiden, die Tomaten vierteln, zu den Nudeln geben und kurz mitschwitzen.

7. Mit Salz, Pfeffer, Muskat und Cayennepfeffer abschmecken. Mit dem in Scheiben geschnittenen Mozzarella belegen und in dem auf 180–200 °C vorgeheizten Backofen kurz überbacken.

8. Die Spargelnudeln aus dem Ofen nehmen, mit den Spargelspitzen anrichten, mit Basilikum garnieren und servieren.

Zubereitungszeit: 30–35 Minuten

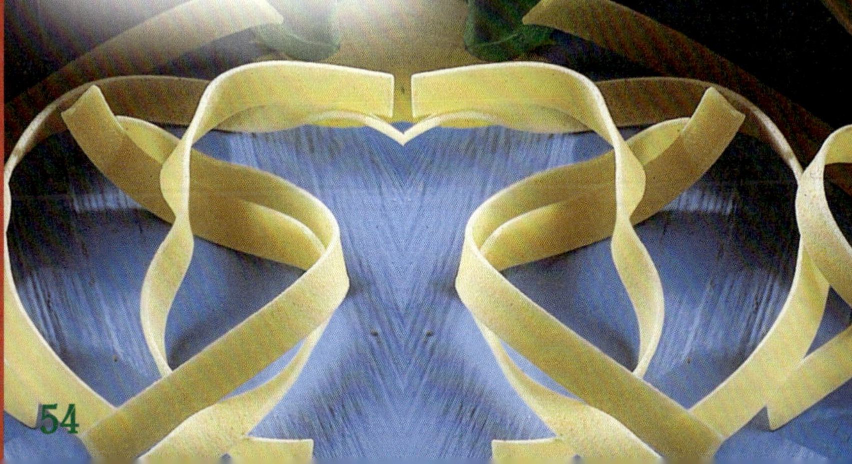

Spargelpäckchen auf grüner Sosse

Für 4 Personen:

800 g weißen Spargel
1 l Salzwasser oder Gemüsebrühe
50 g Butter
½ Zitrone
Salz, Pfeffer aus der Mühle
1 Prise Muskat
1 Prise Cayennepfeffer
200 g roh geräucherter Schinken
Butter zum Ausfetten
150 ml Gemüsebrühe

Für die Soße:
1–2 EL Butter
1 Zwiebel
2 Knoblauchzehen
100 ml Weißwein
300 ml Spargelfond
50 g gemischte, frische Kräuter (Petersilie, Basilikum, Estragon)
200 ml süße Sahne
Speisestärke zum Binden
50 g Basilikumpesto (Fertigprodukt)
Kräuterzweige zum Garnieren

1. Den Spargel putzen, dünn schälen und die unteren Enden abschneiden.

2. Salzwasser oder Gemüsebrühe mit der Butter und der Zitronenhälfte in einem Topf zum Kochen bringen.

3. Den Sud mit Salz, Pfeffer, Muskat und Cayennepfeffer würzen und die Spargelstangen darin bissfest garen, herausnehmen und gut abtropfen lassen.

4. Je 3–4 Spargelstangen in zwei Scheiben dünn geschnittenen Schinken wickeln und in eine ausgefettete Auflaufform setzen.

5. Die Gemüsebrühe angießen und die Spargelpäckchen in dem auf 180–200 °C vorgeheizten Backofen 10–15 Minuten garen.

6. Für die Soße die Butter in einer Pfanne erhitzen. Die Zwiebel und die Knoblauchzehen schälen, fein würfeln, ins Fett geben und glasig schwitzen.

7. Den Weißwein und den Spargelfond angießen und einmal kräftig aufkochen lassen.

8. Die verlesenen, gewaschenen und fein geschnittenen Kräuter mit der Sahne in die Soße geben und kräftig aufkochen lassen. Mit Salz, Pfeffer, Muskat und Cayennepfeffer abschmecken und mit etwas angerührter Speisestärke leicht binden.

9. Zum Schluss das Basilikumpesto unter die Soße rühren, aber nicht mehr kochen lassen. Die Spargelpäckchen mit der Soße anrichten, mit Kräuterzweigen garnieren, mit gedünstetem Herzsalat, gebratenen Paprikarauten und bissfest gegartem Wildreis servieren.

Zubereitungszeit: 20–25 Minuten

Spargelauflauf mit Spinat und Lachs

Für 4 Personen:

1 kg weißer Spargel
1 l Salzwasser oder Gemüsebrühe
50 g Butter
½ Zitrone
Salz, Pfeffer aus der Mühle
1 Prise Cayennepfeffer
1 Prise Zucker
20 g Butter
4–5 Tomaten
250 g Blattspinat (TK-Produkt)
Butter oder Margarine zum Ausfetten
250 g Räucherlachs
100 g geschälte Sonnenblumenkerne
300 ml süße Sahne
6 Eier
1 Prise Muskat
einige Zweige Rosmarin
Kräuterzweige zum Garnieren

1. Den Spargel putzen, dünn schälen und die unteren Enden abschneiden. Salzwasser oder Gemüsebrühe mit der Butter und der Zitronenhälfte in einem Topf zum Kochen bringen.

2. Den Sud mit Salz, Pfeffer, Cayennepfeffer und Zucker kräftig abschmecken und den Spargel darin bissfest garen.

3. Die Butter in einer Pfanne erhitzen. Die Tomaten waschen, den Strunk herausschneiden, die Tomaten würfeln, ins Fett geben und anschwitzen. Mit Salz, Pfeffer und Cayennepfeffer würzen.

4. Den Blattspinat auftauen lassen. Eine Auflaufform ausfetten und schichtweise den Räucherlachs, die Tomaten, den Spargel und die Sonnenblumenkerne einfüllen.

5. Die Sahne mit den Eiern in einer Schüssel verschlagen, mit Salz, Pfeffer, Cayennepfeffer und Muskat würzen.

6. Die Rosmarinzweige verlesen, waschen, die Nadeln fein schneiden und unter die Eisahne rühren. Die Eisahne gleichmäßig über den Spargelauflauf gießen und diesen im auf 180–200 °C vorgeheizten Backofen 20–25 Minuten garen.

7. Nach Ende der Garzeit den Spargelauflauf aus dem Ofen nehmen, dekorativ anrichten, mit Kräuterzweigen garnieren und servieren.

Zubereitungszeit: 40–45 Minuten

Bunte Spargelpfanne mit Salami

Für 4 Personen:

2 Knoblauchzehen, 1 Zwiebel
2–3 EL Olivenöl
2–3 Frühlingszwiebeln
200 g braune Champignons
Saft von 1 Zitrone
150 g luftgetrocknete Salami
je 500 g bissfest gegarter grüner und weißer Spargel
50 g Butter
Salz, Pfeffer aus der Mühle
1 Prise Muskat
1 Prise Cayennepfeffer
einige Tropfen Worcestersoße
1 Prise Zucker
Kräuterzweige zum Garnieren

1. Die Knoblauchzehen und die Zwiebel schälen und fein würfeln. Das Olivenöl in einer Pfanne erhitzen, Knoblauch und Zwiebelwürfel darin glasig schwitzen.

2. Die Frühlingszwiebeln putzen, waschen, klein schneiden, zu den Knoblauchzwiebeln geben und mitschwitzen.

3. Die Champignons putzen, je nach Bedarf halbieren oder vierteln, mit Zitronensaft beträufeln, zu den Zwiebeln geben und mitschwitzen.

4. Die Salami in dünne Scheiben schneiden, mit dem in mundgerechte Stücke geschnittenen Spargel zum Gemüse geben und durchschwenken.

5. Die Butter untermischen, mit Salz, Pfeffer, Muskat, Cayennepfeffer, Worcestersoße und Zucker abrunden und weitere 4–5 Minuten braten.

6. Die bunte Spargelpfanne dekorativ anrichten, mit Kräuterzweigen garnieren und mit gebratenen Kartoffelecken servieren.

Zubereitungszeit: 20–25 Minuten

Gebratener grüner Spargel mit Gnocchi und Pesto

Für 4 Personen:

800 g grüner Spargel
2 Zwiebeln
150 g durchwachsener, geräucherter Speck
2–3 EL Butterschmalz
2–3 Tomaten
30 g Pinienkerne
600 g frische Gnocchi (aus dem Kühlregal)
Salz, Pfeffer aus der Mühle
1 Prise Muskat
1 Prise Cayennepfeffer

Für das Pesto:
1 Bund Basilikum
1–2 Knoblauchzehen
80 g frisch geriebener Parmesankäse
20 g Pinienkerne
Saft von ½ Zitrone
200 ml Olivenöl

Außerdem:
frisch gehobelter Parmesankäse
Kräuterzweige zum Garnieren

1. Den Spargel waschen, die unteren Enden abschneiden und den Spargel je nach Bedarf halbieren oder vierteln.

2. Die Zwiebeln schälen und in feine Würfel schneiden, den Speck ebenfalls würfeln.

3. Das Butterschmalz in einer Pfanne erhitzen, den Speck und die Zwiebeln darin kurz braten.

4. Die Spargelstücke dazugeben und zugedeckt je nach Dicke der Spargelstangen 8–10 Minuten garen.

5. In der Zwischenzeit die Tomaten enthäuten, entkernen und in Würfel schneiden. Mit den Pinienkernen und den Gnocchi zum Spargel geben und kurz mitbraten. Mit Salz, Pfeffer, Muskat und Cayennepfeffer kräftig abschmecken.

6. Für das Pesto das Basilikum verlesen, waschen, gut abtropfen lassen und zerpflücken.

7. Die Knoblauchzehen schälen und fein würfeln. Basilikum, Knoblauch, den geriebenen Parmesankäse und die Pinienkerne in einen Mixer füllen, leicht salzen, den Zitronensaft dazugeben und das Ganze kräftig mixen.

8. Zum Schluss das Olivenöl untermischen. Mit Salz, Pfeffer und Cayennepfeffer nachwürzen.

9. Die Gnocchi mit grünem Spargel auf heißen Tellern anrichten, das Pesto darüber träufeln, mit frisch gehobeltem Parmesankäse bestreuen, mit Kräuterzweigen garnieren und servieren.

Zubereitungszeit: 20–25 Minuten

Schwäbischer Spargeltopf mit Spätzle

Für 4 Personen:

100 g Karotten
100 g Frühlingszwiebeln
100 g braune Champignons
Saft von 1 Zitrone
100 g grüne Bohnen
500 g bissfest gegarter Spargel
1–2 EL Butter
1 Zwiebel
2 Knoblauchzehen
Saft von 2 Zitronen
1 l Gemüsebrühe
2 Lorbeerblätter
Salz, Pfeffer aus der Mühle
1 Prise Cayennepfeffer
1 Prise Muskat

Außerdem:
600 g Schweinefilet
Fett zum Braten
400 g Spätzle (hausgemacht oder Fertigprodukt)
je ½ Bund Schnittlauch und Petersilie

1. Die Karotten schälen, die Frühlingszwiebeln putzen und in mundgerechte Stücke schneiden.

2. Die Champignons putzen, halbieren oder vierteln, mit Zitronensaft beträufeln.

3. Die geputzten grünen Bohnen und den bissfest gegarten Spargel in Stücke schneiden.

4. Die Butter in einem Topf erhitzen, die Zwiebel und die Knoblauchzehen schälen, fein würfeln, ins Fett geben und glasig schwitzen. Karotten, Frühlingszwiebeln, Pilze und Bohnen hinzufügen und kurz mitschwitzen.

5. Den Zitronensaft darüber träufeln, die Gemüsebrühe angießen, die Lorbeerblätter einlegen und das Ganze zum Kochen bringen.

6. Mit Salz, Pfeffer, Cayennepfeffer und Muskat kräftig abschmecken und bei mäßiger Hitze 15–20 Minuten köcheln lassen.

7. Kurz vor Garende den Spargel dazugeben und fertig garen.

8. Das küchenfertige Schweinefilet unter fließendem Wasser waschen, trockentupfen und in Scheiben schneiden. Mit Salz und Pfeffer kräftig würzen.

9. Fett in einer Pfanne erhitzen und das Fleisch darin braten. Mit den Spätzle in den Spargeltopf geben und erhitzen.

10. Den schwäbischen Spargeltopf mit den verlesenen, gewaschenen und fein geschnittenen Kräutern bestreuen und servieren.

Zubereitungszeit: 35–40 Minuten

Die besten Erdbeerrezepte

Kalte Erdbeersuppe

Für 4 Personen:

500 g Erdbeeren
150 ml Kirschsaft
1–2 EL Himbeeressig
Salz, Pfeffer aus der Mühle
200 g Crème fraîche
30 g grüner Pfeffer
Zitronenmelisse zum Garnieren

1. Die Erdbeeren verlesen, waschen und trocken tupfen. 8 Erdbeeren zum Garnieren zurücklegen.

2. Die Erdbeeren mit dem Kirschsaft und dem Himbeeressig in eine Schüssel geben und mit dem Pürierstab pürieren. Mit Salz und Pfeffer würzen.

3. Die Erdbeersuppe in Tellern anrichten, mit je einem Klacks Crème fraîche belegen und den grünen Pfeffer darüberstreuen.

4. Die kalte Erdbeersuppe mit halbierten Erdbeeren und Zitronenmelisse garnieren und servieren.

Zubereitungszeit: 8–10 Minuten

Erdbeer-Spargel-Toast

Für 4 Personen:

12 Scheiben Toastbrot
250 g grüner Spargel, Salzwasser
250 g Erdbeeren, 1 EL Butter
Salz, Pfeffer aus der Mühle
1 Prise Zucker

Für die Sauce hollandaise:
100 ml Weißwein
2 TL Schalottenessig, 3 Eigelb
125 g geschmolzene, lauwarme Butter, ½ Bund Kerbel

1. Die Toastbrotscheiben entrinden und goldbraun toasten. Den grünen Spargel putzen, die unteren Enden abschneiden und die Spargelstangen im kochenden Salzwasser bissfest garen, herausnehmen, gut abtropfen lassen und jeweils in drei Teile schneiden.

2. Erdbeeren verlesen, waschen, trocken tupfen. Butter erhitzen, die Erdbeeren und den Spargel darin kurz schwenken. Mit Salz, Pfeffer und Zucker abschmecken und auf den Brotscheiben verteilen.

3. Für die Sauce hollandaise den Wein mit Essig und den Eigelben im heißen Wasserbad zu einem Schaum aufschlagen, salzen und pfeffern. Zum Schluss die Butter nach und nach unterrühren.

4. Den Kerbel verlesen, fein hacken und unter die Hollandaise heben. Die Erdbeer-Spargel-Toasts dekorativ anrichten und mit der Sauce hollandaise servieren.

(ohne Abbildung)

Zubereitungszeit: 30–35 Minuten

Spargel-Erdbeer-Salat

Für 4 Personen:

200 g grüner Spargel
200 g weißer Spargel
1 kleiner Kopf Friséesalat
100 g junge Spinatblätter
100 g blaue Weintrauben
100 g frische Erdbeeren
100 ml Himbeeressig
Saft von 1 Orange
Saft von 1 Limette
Salz, Pfeffer aus der Mühle
1–2 EL Honig, 100 ml kaltgepresstes Traubenkernöl

1. Den grünen und den weißen Spargel schälen, die Enden abschneiden und den Spargel roh in feine Scheibchen schneiden.

2. Den Friséesalat und die Spinatblätter verlesen, waschen, gut abtropfen lassen, in mundgerechte Stücke zerpflücken.

3. Die Weintrauben waschen, halbieren, entkernen. Die Erdbeeren putzen, waschen und in Scheiben schneiden. Die Salatzutaten vorsichtig miteinander vermischen und auf Tellern dekorativ anrichten.

4. Für das Dressing den Himbeeressig mit dem Orangensaft und dem Limettensaft in eine Schüssel geben und verrühren. Mit Salz, Pfeffer und Honig verfeinern.

5. Tropfenweise das Traubenkernöl unter das Dressing rühren, den Salat damit beträufeln, garnieren und servieren.

Zubereitungszeit: 25–30 Minuten

Chicorée-Erdbeer-Salat

Für 4 Personen:

4 kleine Chicorée
2 kleine Romana-Salatherzen
1 Orange, 250 g Erdbeeren

Für das Dressing:
100 ml Gemüsebrühe
30 ml Obstessig
50 ml Sonnenblumenöl
30 ml Walnussöl, 2 Schalotten
30 g grob gehackte Walnüsse
Salz, Pfeffer, Zucker

1. Den Chicorée und die Salatherzen putzen, waschen, der Länge nach vierteln und den Strunk herausschneiden. Die Orange schälen und filieren.

2. Die Erdbeeren verlesen, waschen, trocken tupfen und halbieren. Den Chicorée, den Romanasalat, die Orangenfilets und die Erdbeeren auf Tellern anrichten.

3. Für das Dressing die Gemüsebrühe, den Obstessig, das Sonnenblumenöl und das Walnussöl in einer Schüssel vermischen.

4. Die Schalotten schälen und würfeln, mit den Walnüssen dazugeben. Mit Salz, Pfeffer und Zucker abschmecken und das Dressing über den Salat gießen.

(ohne Abbildung)

Zubereitungszeit: 25–30 Minuten

Schweinerücken mit Erdbeeren

Für 4 Personen:

800 g Schweinerücken
Salz, Pfeffer aus der Mühle
2 Schalotten
1 Chilischote
150 g Erdbeeren
1 EL Sonnenblumenöl
700 g Kartoffeln
Fett zum Braten

Außerdem:
gebundene Bratensoße
Salbeiblätter zum Garnieren
bissfest gegarter weißer Spargel und Brokkoliröschen
in Butter geschwenkte Erdbeeren

1. Den Schweinerücken unter fließendem Wasser waschen, die Haut abziehen und eine Tasche einschneiden. Innen und außen mit Salz und Pfeffer kräftig würzen.

2. Die Schalotten schälen und in Würfel schneiden. Die Chilischote halbieren, entkernen, waschen und in feine Streifen schneiden.

3. Die Erdbeeren verlesen, waschen, trocken tupfen und in kleine Würfel schneiden.

4. Das Öl in einer Pfanne erhitzen, Schalotten und Chili darin anschwitzen. Die Erdbeeren dazugeben und so lange braten, bis die Flüssigkeit verdampft ist.

5. Die Masse in den Schweinerücken füllen, mit Küchenschnur binden und im auf 180 °C vorgeheizten Backofen 25–30 Minuten garen. Das Fleisch herausnehmen und die Küchenschnur entfernen.

6. Die Kartoffeln waschen, schälen und grob raspeln, salzen und etwa 10 Minuten ruhen lassen.

7. Anschließend die Kartoffeln gut ausdrücken, das Fett in einer Pfanne erhitzen, die Kartoffeln in zwei Portionen dazugeben und helle Röstis ausbacken.

8. Die Röstis auf den Braten drücken und im auf 180 °C heißen Backofen weitere 10 Minuten braten, bis die Röstis knusprig braun sind.

9. Den Braten aus dem Ofen nehmen und in Scheiben schneiden. Die erhitzte Bratensoße auf heißen Tellern verteilen und den in Scheiben geschnittenen Schweinerücken dekorativ darauflegen.

10. Mit Salbeiblättern garnieren, mit bissfest gegartem Spargel, den Brokkoliröschen und in Butter geschwenkten Erdbeeren sofort servieren.

Zubereitungszeit: 70–80 Minuten

Gepökelte Entenbrust mit Erdbeer-Schalotten-Vinaigrette

Für 4 Personen:

Für die Vinaigrette:
4–6 Schalotten
1–2 EL Olivenöl
100 ml Weißwein
75 ml weißer Balsamicoessig
1 TL Zucker
Salz, Pfeffer aus der Mühle
1 Prise Cayennepfeffer
250 g frische Erdbeeren
75 ml Olivenöl

Außerdem:
600 g gepökelte Entenbrustfilets
2 EL scharfer Senf
2 EL Chilisoße
Salatblätter, frische Erdbeeren und Kräuterzweige zum Garnieren

1. Für die Vinaigrette die Schalotten schälen, in feine Scheiben schneiden. Etwas Olivenöl in einer Pfanne erhitzen und die Schalotten darin kurz anschwitzen. Den Weißwein angießen und das Ganze einmal aufkochen lassen.

2. Die Weißweinschalotten vom Herd nehmen, leicht erkalten lassen, den Balsamicoessig und den Zucker einrühren und so lange rühren, bis sich der Zucker vollständig aufgelöst hat. Das Ganze mit Salz, Pfeffer und Cayennepfeffer kräftig würzen.

3. Die Erdbeeren verlesen, waschen, trocken tupfen und in kleine Würfel schneiden. Mit dem Olivenöl unter die Vinaigrette rühren.

4. Die gepökelten Entenbrustfilets in dünne Scheiben schneiden und auf Tellern dekorativ anrichten.

5. Den Senf mit der Chilisoße verrühren und die Fleischscheiben damit bestreichen.

6. Die Fleischscheiben mit der Erdbeer-Schalotten-Vinaigrette überziehen, mit Salatblättern, frischen Erdbeeren und Kräuterzweigen garnieren und sofort servieren.

Zubereitungszeit: 20–25 Minuten

Hirschfilet mit Erdbeer-Schoko-Sosse

Für 4 Personen:

20 g getrocknete Steinpilze
125 ml Rotwein
8 Hirschfilets à 100 g
1 EL geschrotete Pfefferkörner
1 EL Butterschmalz
Salz, Pfeffer aus der Mühle

Außerdem:
3 Schalotten
400 ml gebundene Wildsoße
50 g Zartbitter-Schokolade
250 g frische Erdbeeren
4 cl Aceto balsamico
Thymianzweige zum Garnieren

1. Die getrockneten Steinpilze mit dem Rotwein in eine Schüssel geben und einweichen.

2. Die Hirschfilets unter fließendem Wasser waschen, trocken tupfen, mit den geschroteten Pfefferkörnern einreiben.

3. Das Butterschmalz in einer Pfanne erhitzen und die Steaks darin je nach Geschmack medium oder durch braten, herausnehmen, mit Salz und Pfeffer würzen und warm stellen.

4. Die Schalotten schälen, in feine Würfel schneiden, im verbliebenen Bratfett glasig schwitzen.

5. Die Bratensoße angießen und einmal aufkochen lassen. Die geriebene Zartbitter-Schokolade in die Soße rühren und schmelzen lassen.

6. Die Erdbeeren verlesen, waschen, klein schneiden, in die Soße geben und erhitzen.

7. Die Soße mit Salz, Pfeffer und Aceto balsamico abrunden.

8. Die Hirschfilets dekorativ anrichten, mit der Erdbeer-Schoko-Soße überziehen, mit Thymianzweige garnieren und mit bissfest gegarten dünnen Bandnudeln servieren.

Zubereitungszeit: 30–35 Minuten

Gebratenes Saiblingsfilet mit Kiwi-Erdbeer-Salsa

Für 4 Personen:

600 g küchenfertige Saiblingfilets
Saft von 1 Zitrone
einige Tropfen Worcestersoße
Salz, Pfeffer aus der Mühle
Mehl zum Wenden
2–3 EL Butter

Für die Salsa
2 Mangos
2 Avocados
Saft von 1 Zitrone
1 rote Zwiebel
1 grüne Chilischote
50 ml weißer Balsamicoessig
Saft von 1 Limette
Salz, Pfeffer aus der Mühle
1 Prise Zucker
50 ml Olivenöl
einige Tropfen Pfeffersoße
Rucolazweige zum Garnieren

1. Die Saiblingfilets unter fließendem Wasser waschen, trocken tupfen, mit Zitronensaft und Worcestersoße beträufeln, mit Salz und Pfeffer würzen und im Kühlschrank 10–15 Minuten ziehen lassen.

2. Anschließend die Saiblingfilets in Mehl wenden. Butter in einer Pfanne erhitzen und die Saiblingfilets darin braten, herausnehmen und warm stellen.

3. Für die Salsa die Kiwis dünn schälen und würfeln. Die Erdbeeren verlesen, waschen und nach Bedarf klein schneiden.

4. Die Zwiebel schälen, fein würfeln, die Chilischote halbieren, entkernen, waschen und würfeln. Die Zutaten in eine Schüssel geben und vorsichtig vermischen.

5. Den Balsamicoessig mit dem Limettensaft vermischen. Mit Salz, Pfeffer und Zucker würzen.

6. Das Olivenöl tropfenweise einrühren und das Dressing mit etwas Pfeffersoße schärfen. Die Früchte mit dem Dressing anmachen

7. Die Kiwi-Erdbeer-Salsa kurz ziehen lassen und nachwürzen. Die Salsa mit den gebratenen Saiblingfilets dekorativ anrichten, mit Rucolazweigen garnieren und sofort servieren.

Zubereitungszeit: 20–25 Minuten

Rinderrouladen mit Erdbeerfüllung

Für 4 Personen:

4 küchenfertige Rinderrouladen
à 180–200 g
Salz, Pfeffer aus der Mühle
2–3 EL geriebener Meerrettich
aus dem Glas
1 EL grüne Pfefferkörner
200 g Erdbeeren
Semmelbrösel zum Binden
1 Prise Muskat
1 Prise Cayennepfeffer

Außerdem:
2–3 EL Butterschmalz
1 Zwiebel, 2 Knoblauchzehen
2 Karotten, 1 Stück Sellerie
je 500 ml Rotwein und Gemüse- oder Fleischbrühe
2 Lorbeerblätter
einige Pfefferkörner
dunkler Soßenbinder zum Binden,
1 TL Butter, 4 Schalotten
1 EL grüne Pfefferkörner
Basilikumblättchen und halbierte Erdbeeren zum Garnieren

1. Die küchenfertigen Rinderrouladen unter fließendem Wasser waschen, trocken tupfen, mit Salz und Pfeffer würzen und die Innenseite mit Meerrettich bestreichen.

2. Die Pfefferkörner mit den verlesenen, gewaschenen und klein geschnittenen Erdbeeren in einer Schüssel vermischen, mit Semmelbröseln leicht binden, mit Salz, Pfeffer, Muskat und Cayennepfeffer würzen.

3. Die Masse gleichmäßig auf den Rouladen verteilen, glatt streichen, das Fleisch zusammenrollen und mit Küchenschnur binden. Butterschmalz in einem Bräter erhitzen und die Rouladen darin rundherum Farbe nehmen lassen.

4. Die Zwiebel und die Knoblauchzehen schälen und fein würfeln. Die Karotten und den Sellerie putzen und in Würfel schneiden, zum Fleisch geben und kurz mitbraten.

5. Den Rotwein und die Brühe angießen, die Lorbeerblätter und die Pfefferkörner dazugeben. Die Rouladen zugedeckt im auf 180–200 °C vorgeheizten Backofen 70–80 Minuten schmoren lassen.

6. Nach Ende der Garzeit die Rouladen herausnehmen. Die Soße durch ein Sieb streichen, nochmals erhitzen und mit dunklem Soßenbinder leicht binden.

7. Die Butter erhitzen, die geschälten und in Scheiben geschnittenen Schalotten mit den Pfefferkörnern anschwitzen und in die Rouladensoße geben.

8. Die Soße mit Salz und Pfeffer abrunden, auf heiße Teller geben und die Erdbeerrouladen einsetzen. Mit Basilikumblättchen und halbierten Erdbeeren garnieren und mit Meerrettich-Kartoffel-Knödeln sofort servieren.

Zubereitungszeit: 100–110 Minuten

Hähnchenfrikadellen auf Erdbeer-Rucola-Salat

Für 4 Personen:

500 g Hähnchenbrustfilet
1 Zwiebel
1 TL Butter
4 Scheiben Toastbrot
2 Eier
1 Packung Küchenkräuter
(25 g, TK-Produkt)
Salz, Pfeffer aus der Mühle
1 Prise Cayennepfeffer
1 EL Mehl
Butterschmalz zum Braten

Für den Salat:
100 g Rucola
250 g Erdbeeren
50 ml Apfelsaft
50 ml Aceto balsamico
2 EL Honig
50 ml Olivenöl

1. Die Hähnchenbrustfilets unter fließendem Wasser waschen, trocken tupfen, klein schneiden und zweimal durch die feine Scheibe des Fleischwolfes drehen.

2. Die Zwiebel schälen und fein würfeln. Die Butter in einer Pfanne erhitzen, die Zwiebeln darin glasig schwitzen.

3. Die Zwiebelwürfel zum Hackfleisch geben, das in feine Würfel geschnittene Toastbrot, die Eier und die Küchenkräuter dazugeben und zu einer glatten, kompakten Masse verarbeiten.

4. Mit Salz, Pfeffer und Cayennepfeffer würzen, mit Mehl leicht binden.

5. Aus der Masse Frikadellen formen, das Butterschmalz in einer Pfanne erhitzen und die Frikadellen darin braten.

6. Für den Salat den Rucola verlesen, waschen, abtropfen lassen und in eine Schüssel geben.

7. Die Erdbeeren verlesen, waschen und gut abtropfen lassen. 150 g Erdbeeren in Scheiben schneiden und zum Rucola geben.

8. Die restlichen Erdbeeren mit dem Pürierstab pürieren, mit dem Apfelsaft, dem Aceto balsamico und dem Honig in einer Schüssel verrühren. Mit Salz, Pfeffer und Cayennepfeffer würzen und das Olivenöl einrühren.

9. Den Erdbeer-Rucola-Salat anrichten, die Hähnchenfrikadellen dazugeben, mit dem Dressing überziehen und mit Toastecken servieren.

Zubereitungszeit: 30–35 Minuten

Pfefferkoteletts mit gedünsteten Erdbeeren

Für 4 Personen:

4 Schweinekoteletts à 180 g
Salz, Pfeffer aus der Mühle
40 g Mehl zum Wenden
1 EL Butterschmalz zum Braten
1 Zwiebel
2 EL grüne Pfefferkörner
100 ml Rotwein
400 ml gebundene Bratensoße
125 g Crème fraîche

Außerdem:
250 g Erdbeeren
1 EL Butter
2 cl Weißwein

1. Die Schweinekoteletts unter fließendem Wasser waschen, trocken tupfen, mit Salz und Pfeffer würzen und im Mehl wenden.

2. Das Butterschmalz in einer Pfanne erhitzen, die Koteletts darin braten, herausnehmen und warm stellen.

3. Die Zwiebel schälen und in feine Würfel schneiden. Mit den Pfefferkörnern ins verbliebene Bratfett geben und glasig schwitzen.

4. Den Rotwein und die Bratensoße angießen und zum Kochen bringen. Die Crème fraîche einrühren und bei mäßiger Hitze drei Minuten köcheln lassen. Mit Salz und Pfeffer abrunden.

5. Die Erdbeeren verlesen, waschen, gut abtropfen lassen. Die Butter in einer Pfanne erhitzen und die Erdbeeren darin kurz dünsten.

6. Die Erdbeeren mit Weißwein beträufeln, mit Salz und Pfeffer würzen.

7. Die Pfefferkoteletts mit der Soße anrichten, mit den gedünsteten Erdbeeren belegen, mit Kartoffelnudeln und Zucchinigemüse sofort servieren.

Zubereitungszeit: 25–30 Minuten

Erdbeergratin

Für 4 Personen:

500 g frische Erdbeeren
3–4 EL Puderzucker
50 ml Erdbeerlimes

Außerdem:
3 Eier
2 Eigelb
50 g Zucker
1 Päckchen Vanillezucker
50 ml Weißwein
1 EL Mehl
2 EL Speisestärke
½ TL Backpulver
Butter zum Ausfetten
4 Portionen Walnusseiscreme
Puderzucker zum Bestäuben
Melissenblättchen und Schokoladenornamente zum Garnieren

1. Die Erdbeeren verlesen, waschen und je nach Geschmack halbieren oder vierteln.

2. Die Erdbeeren in eine Schüssel geben, mit dem Puderzucker bestäuben, mit dem Erdbeerlimes beträufeln und kurz marinieren.

3. Die Eier mit den Eigelben und dem Zucker, dem Vanillezucker und dem Weißwein in eine feuerfeste Schüssel geben und im Wasserbad mit dem Schneebesen zu einer Creme aufschlagen. Die Creme vom Herd nehmen und kalt schlagen.

4. Das Mehl mit der Speisestärke und dem Backpulver vermischen, auf die Creme sieben und vorsichtig unterziehen.

5. Die marinierten Erdbeeren in feuerfeste, ausgefettete Gratinförmchen geben, die Masse gleichmäßig auf den Früchten verteilen und im auf 200 °C vorgeheizten Backofen 20–25 Minuten backen.

6. Die gratinierten Erdbeeren aus dem Backofen nehmen, mit je einer Portion Walnusseiscreme belegen, mit Puderzucker bestäuben, mit Melissenblättchen und Schokoladenornamenten garnieren und sofort servieren.

Zubereitungszeit: 30–35 Minuten

Topfennockerl mit Erdbeersosse

Für 4 Personen:

250 g Toastbrot
75 ml heiße Milch
1 TL geriebene Zitronenschale
50 g Zucker
250 g Magerquark
1 Ei
2 EL Mehl
2–3 EL Semmelbrösel
Zuckerwasser zum Garen
500 g Erdbeeren
50 g Puderzucker
50 ml Erdbeerlikör
Puderzucker zum Bestäuben
Melissenblättchen zum Garnieren

1. Das Toastbrot in feine Würfel schneiden, in eine Schüssel geben, mit der heißen Milch übergießen und kurz ziehen lassen.

2. Die geriebene Zitronenschale, den Zucker, den Magerquark, das Ei, das Mehl und die Semmelbrösel dazugeben und zu einer glatten Masse verarbeiten, zugedeckt eine Stunde ausquellen lassen.

3. Das Zuckerwasser in einem Topf zum Kochen bringen, aus der Masse mit zwei Esslöffeln Klößchen abstechen, diese einlegen und bei mäßiger Hitze 12–15 Minuten gar ziehen lassen.

4. In der Zwischenzeit die Erdbeeren verlesen, waschen, abtropfen lassen.

5. Die Hälfte der Erdbeeren pürieren, die restlichen Erdbeeren halbieren. Das Erdbeerpüree mit dem Puderzucker und dem Erdbeerlikör verrühren.

6. Die gegarten Topfennockerl aus dem Wasser nehmen, mit der Erdbeersoße dekorativ anrichten, mit Puderzucker bestäuben, mit den halbierten Erdbeeren und Melisseblättchen garnieren und sofort servieren.

Zubereitungszeit: 20–25 Minuten

Gebackene Erdbeeren

Für 4 Personen:

Für den Backteig:
50 g Mehl, 70 ml Milch
2 Eigelb, 2 Eiweiß, 1 EL Zucker

Für die Soße:
200 ml Orangensaft
100 ml Karamellsirup
10 g Speisestärke zum Binden
4 cl Orangenlikör, 2 Orangen

Außerdem:
200 g Erdbeeren
Fett zum Frittieren
20 g Puderzucker zum Bestäuben

1. Das Mehl mit der Milch und den Eigelben in einer Schüssel glatt rühren.

2. Die Eiweiße mit dem Zucker steif schlagen und vorsichtig unter den Teig heben.

3. Für die Soße den Orangensaft mit dem Karamellsirup in einem Topf erhitzen. Mit etwas angerührter Speisestärke leicht binden und den Orangenlikör einrühren.

4. Die Orangen großzügig schälen und filieren, in die Soße geben und erhitzen.

5. Die Erdbeeren verlesen, waschen, abtropfen lassen, durch den Backteig ziehen und schwimmend im Fett goldgelb ausbacken.

6. Die gebackenen Erdbeeren auf Küchentuch abtropfen lassen, mit der Orangensoße anrichten, mit Puderzucker bestäuben, mit frischen Erdbeeren garnieren und sofort servieren.

Zubereitungszeit: 20–35 Minuten

Topfenknödel mit Erdbeersosse

Für 4 Personen:

250 g Toastbrot
125 ml heiße Milch
1 TL geriebene Zitronenschale
50 g Zucker
250 g Magerquark
1 Ei
2 EL Mehl
Wasser
500 g Erdbeeren
50 g Puderzucker
50 ml Erdbeerlikör
Puderzucker zum Bestäuben

1. Das Toastbrot in feine Würfel schneiden, in eine Schüssel geben, mit der heißen Milch übergießen und kurz ziehen lassen.

2. Die geriebene Zitronenschale, den Zucker, den Magerquark, das Ei und das Mehl dazugeben und zu einer glatten Masse verarbeiten.

3. Die Masse zu 2 Rollen formen, diese zuerst in Klarsichtfolie, anschließend in Alufolie wickeln. Die Enden gut verschließen.

4. Das Wasser in einem Topf zum Kochen bringen, die Rollen einlegen und bei mäßiger Hitze ca. 15 garziehen lassen.

5. In der Zwischenzeit die Erdbeeren verlesen, waschen, abtropfen lassen. Die Hälfte der Erdbeeren pürieren, die restlichen Erdbeeren halbieren. Mit dem Puderzucker und dem Erdbeerlikör verrühren.

6. Die gegarten Topfenknödel aus dem Wasser nehmen, die Folien entfernen, die Knödel in Scheiben schneiden, mit der Erdbeersoße anrichten, mit Puderzucker bestäuben und servieren.

Zubereitungszeit: 20–25 Minuten

Erdbeermousse

Für 4 Personen:

250 g Magerquark
50 g Zucker
100 ml Erdbeerlimes
150 g frische Erdbeeren
3 Blatt weiße Gelatine
300 ml süße Sahne
50 g geraspelte Schokolade
Puderzucker zum Bestäuben
Schoko-Erdbeeren zum Garnieren

1. Den Magerquark mit dem Zucker und dem Erdbeerlimes in eine Schüssel geben und glatt rühren.

2. Die Erdbeeren verlesen, waschen, gut abtropfen lassen, im Mixer oder mit dem Pürierstab pürieren und unter die Quarkmasse ziehen.

3. Die gewässerte Gelatine in wenig heißem Wasser auflösen und mit dem Schneebesen unter den Erdbeerquark ziehen. Die Sahne steif schlagen und unterheben.

4. Die Erdbeermousse in eine Form füllen und im Kühlschrank fest werden lassen.

5. Aus der Mousse Klößchen formen, diese dekorativ anrichten, mit geraspelter Schokolade bestreuen, mit Puderzucker bestäuben, mit Schoko-Erdbeeren garnieren und servieren.

Zubereitungszeit: 15–20 Minuten ohne Wartezeit

Erdbeer-Schoko-Spiesse

Für 20 Stück:

½ Ananas, 20 Physalis
20 Erdbeeren
150 g Zartbitterkuvertüre
20 g weiße Kuvertüre
20 Holzspieße

1. Die Ananas schälen, halbieren, den Strunk entfernen und die Ananas in 20 dünne Scheiben schneiden. Die Physalis und die Erdbeeren putzen, waschen und gut abtropfen lassen.

2. 100 g Zartbitterkuvertüre fein hacken, in einen Topf geben und im Wasserbad schmelzen lassen. Anschließend die Kuvertüre aus dem Wasserbad nehmen. Die restliche Kuvertüre reiben und einrühren.

3. Die Erdbeeren in die Kuvertüre tauchen, auf Pergamentpapier setzen und trocknen lassen.

4. Die weiße Kuvertüre reiben, im Wasserbad schmelzen lassen, in einen kleinen Spritzbeutel füllen und die Erdbeeren damit verzieren. Die Ananasscheiben, die Erdbeeren und die Physalis abwechselnd auf Holzspieße stecken und servieren.

Zubereitungszeit: 20–25 Minuten

Erdbeer-Stracciatella-Parfait

Für 4 Personen:

3 Eigelb, 1 Ei, 80 g Zucker
1 Päckchen Vanillezucker
250 g geschlagene süße Sahne
25 g Vollmilchkuvertüre
100 g Erdbeeren
in Zucker und Orangenlikör marinierte Erdbeeren zum Garnieren
gehackte Pistazien zum Bestreuen
Puderzucker zum Bestäuben

1. Die Eigelbe, das Ei, den Zucker und den Vanillezucker in eine feuerfeste Schüssel geben und im Wasserbad schaumig schlagen.

2. Die Masse vom Herd nehmen und in Eiswasser kalt schlagen. Die geschlagene Sahne unterziehen.

3. Die Vollmilchkuvertüre fein reiben, mit den verlesenen, gewaschenen und in kleine Würfel geschnittenen Erdbeeren unter die Sahne heben.

4. Eine Terrinenform mit Klarsichtfolie oder Pergamentpapier auslegen, die Masse einfüllen, glatt streichen und über Nacht frosten.

5. Das Erdbeer-Stracciatella-Parfait aus der Form stürzen, die Folie abziehen, das Parfait in Scheiben schneiden und auf gekühlten Tellern anrichten. Mit Erdbeerscheiben garnieren, mit Pistazien bestreuen, mit Puderzucker bestäuben und sofort servieren.

Zubereitungszeit: 35–40 Minuten

Erdbeeren mit Zimteis

Für 4 Personen:

Für das Zimteis:
500 ml Milch, 2 TL Zimtpulver
4 Eigelb, 125 g Zucker

Für die Erdbeeren:
500 g Erdbeeren, 100 g Zucker
100 ml Apfelsaft, 100 ml Wodka

1. Die Milch mit dem Zimt in einen Topf geben, einmal aufkochen lassen und vom Herd nehmen.

2. Die Eigelbe mit dem Zucker in einer Schüssel verrühren, etwas heiße Milch einrühren, die Masse in die restliche Milch rühren und erhitzen, bis die Eicreme bindet. Die Masse darf auf keinen Fall kochen!

3. Die Creme vom Herd nehmen und sofort durch ein Haarsieb streichen, erkalten lassen und in der Eismaschine frosten.

4. Die Erdbeeren verlesen, waschen, trocken tupfen und halbieren. Den Zucker in einer Pfanne karamellisieren lassen, mit dem Apfelsaft ablöschen und auf die Hälfte einreduzieren lassen.

5. Die Erdbeeren dazugeben und erhitzen. Den Wodka angießen und anzünden. Vorsicht, es kann eine Stichflamme geben! Das Zimteis mit den flambierten Erdbeeren anrichten und sofort servieren.

Zubereitungszeit: 35–40 Minuten

(ohne Abbildung)

Erdbeer-Sahne-Schnitte

Für 16 Stücke:

Für den Rührteig:
120 g Butter
150 g Zucker
1 Päckchen Vanillezucker
3 Eier
125 g Mehl
125 g Speisestärke
2 TL Backpulver
20 g Butter zum Ausfetten
20 g Semmelbrösel zum Bestreuen

Außerdem:
100 g Erdbeermarmelade
500 g Erdbeeren
400 ml süße Sahne
2 TL San-apart
50 g Krokant

1. Die Butter mit dem Zucker, dem Vanillezucker und einem Ei schaumig schlagen.

2. Die restlichen Eier nach und nach kräftig unterrühren.

3. Das Mehl mit der Speisestärke und dem Backpulver vermischen, auf die Eicreme sieben und unterheben.

4. Den Teig auf ein ausgefettetes, mit Semmelbröseln bestreutes Backblech streichen und im auf 180 °C vorgeheizten Backofen ca. 35 Minuten backen, herausnehmen und auf einem Kuchengitter erkalten lassen.

5. Den Kuchen mit der Erdbeermarmelade bestreichen und die verlesenen, gewaschenen und gut abgetropften Erdbeeren in Streifen darauflegen.

6. Die Sahne mit dem San-apart steif schlagen, in einen Spritzbeutel füllen und zwischen die Erdbeerstreifen spritzen.

7. Die Erdbeer-Sahne-Schnitte mit Krokant bestreuen, durchkühlen lassen und servieren.

Zubereitungszeit: 50–55 Minuten

Schneller Erdbeerkuchen

Für 16 Stücke:

Für den Teig:
120 g Butter
100 g Zucker
4 Eigelb
1 Päckchen Vanillezucker
1 Päckchen Zitronenaroma
150 g Weizenmehl
½ Päckchen Backpulver
2 EL Milch oder süße Sahne
4 Eiweiß
Fett zum Ausfetten
Semmelbrösel zum Ausstreuen

Außerdem:
100 g Erdbeermarmelade
1 kg frische Erdbeeren
1 Päckchen Tortenguss rot
200 ml süße Sahne
2 TL San-apart
frische Erdbeeren zum Garnieren

1. Der Butter mit dem Zucker in eine Schüssel geben und weißschaumig schlagen.

2. Die Eigelbe nach und nach kräftig darunterschlagen, den Vanillezucker und das Zitronenaroma unterrühren.

3. Das Weizenmehl mit dem Backpulver vermischen, auf die Masse sieben und mit der Milch oder der Sahne vorsichtig unterrühren.

4. Die Eiweiße zu steifem Schnee schlagen und unter den Teig heben. Eine Obstkuchenform ausfetten, mit Semmelbröseln ausstreuen, den Teig einfüllen, glatt streichen und im auf 180 °C vorgeheizten Backofen 35 Minuten backen.

5. Den Obstboden aus dem Ofen nehmen, erkalten lassen, auf eine Tortenplatte setzen und mit der Erdbeermarmelade bestreichen.

6. Die Erdbeeren verlesen, waschen, halbieren oder vierteln und den Obstboden damit belegen.

7. Den Tortenguss nach Packungsanweisung zubereiten und die Erdbeeren damit überziehen. Im Kühlschrank fest werden lassen.

8. Die Sahne schaumig schlagen, San-apart einrieseln lassen und die Sahne steif schlagen.

9. Die Sahne in einen Spritzbeutel mit Sterntülle füllen und auf den Kuchen dressieren.

10. Den Erdbeerkuchen mit frischen Erdbeeren garnieren und bis zum Verzehr kühl stellen.

Zubereitungszeit: 45–50 Minuten ohne Wartezeit

Marmorierte Erdbeertorte

Für 16 Stücke:

Für den Biskuitteig:
2 Eier
100 g Zucker
1 Päckchen Vanillezucker
50 g Mehl
50 g Speisestärke
1 TL Backpulver
1 TL Speiseöl für die Form

Für die Creme:
100 ml Milch
50 g Zucker
Mark von 1 Vanilleschote
6 Blatt weiße Gelatine
300 g Schmand
400 ml süße Sahne

Außerdem:
500 g Erdbeeren
50 g Zucker
2 Blatt weiße Gelatine
10 g Puderzucker zum Bestäuben
20 g gehackte Pistazien zum Bestreuen

1. Die Eier mit dem Zucker und dem Vanillezucker schaumig schlagen.

2. Das Mehl mit der Speisestärke und dem Backpulver vermischen, auf den Eischaum sieben und unterheben.

3. Den Teig in eine mit Backpapier ausgelegte Blütenform (26 cm Durchmesser) füllen, glatt streichen und im auf 180 °C vorgeheizten Backofen 25 Minuten backen.

4. Anschließend den Kuchen aus dem Ofen nehmen, das Backpapier abziehen und den Biskuit vollständig erkalten lassen.

5. Einen Blütenrahmen mit Öl bestreichen, den Biskuit oben gerade schneiden, auf eine Tortenplatte legen und mit dem Blütenrahmen umschließen.

6. Für die Creme die Milch mit dem Zucker und dem Vanillemark erwärmen. Die gewässerte, ausgedrückte Gelatine darin auflösen.

7. Den Schmand unterrühren, die Sahne steif schlagen und unterheben. Die Creme auf dem Biskuit verteilen.

8. Die Erdbeeren verlesen, waschen und trockentupfen. 300 g Erdbeeren mit dem Zucker pürieren und erwärmen. Die gewässerte, ausgedrückte Gelatine darin auflösen.

9. Das Erdbeerpüree auf die Creme geben und mit einem Löffel ein Marmormuster einziehen. Die Creme im Kühlschrank fest werden lassen. Anschließend den Blütenrahmen abnehmen.

10. Die restlichen 200 g Erdbeeren halbieren oder vierteln und die Torte damit garnieren. Mit Puderzucker bestäuben, mit gehackten Pistazien bestreuen und die marmorierte Erdbeertorte servieren.

Zubereitungszeit: etwa 45 Minuten ohne Wartezeit

Erdbeertorte mit Schokosplittern

Für 16 Stücke:

Für den Teig:
4 Eier
150 g Zucker
1 Päckchen Vanillezucker
100 g Mehl
100 g Speisestärke
2 TL Backpulver
30 g Schokoraspel

Für die Creme:
150 ml Erdbeer-Limes
50 g Zucker
8 Blatt weiße Gelatine
300 g Naturjoghurt
600 ml süße Sahne
30 g Schokoraspel
250 g Erdbeeren

Außerdem:
200 ml süße Sahne
2 TL San-apart
30 g Schokoraspel
100 g Schokoladentäfelchen
Erdbeeren zum Garnieren

1. Die Eier mit dem Zucker und dem Vanillezucker schaumig schlagen. Das Mehl mit der Speisestärke und dem Backpulver vermischen, auf den Eischaum sieben und mit den Schokoraspeln unterheben.

2. Den Teig in eine mit Backpapier ausgelegte Springform (26 cm Durchmesser) füllen, glatt streichen und im auf 180 °C vorgeheizten Backofen 30 Minuten backen.

3. Anschließend den Kuchen aus dem Ofen nehmen, das Backpapier abziehen und den Biskuit vollständig erkalten lassen.

4. Den Biskuit oben gerade schneiden, einmal durchschneiden, den unteren Biskuitboden auf eine Tortenplatte legen und mit einem Tortenring umschließen.

5. Für die Creme den Erdbeer-Limes mit dem Zucker erwärmen. Die gewässerte, ausgedrückte Gelatine darin auflösen. Den Naturjoghurt unterrühren, die Sahne steif schlagen und mit den Schokoraspeln unterheben.

6. Die Erdbeeren verlesen, waschen, trockentupfen, in Würfel schneiden und unter die Creme heben.

7. Die Hälfte der Creme auf dem Tortenboden glatt streichen, den zweiten Boden darauflegen, die restliche Creme darauf glatt streichen und im Kühlschrank fest werden lassen. Anschließend den Tortenring entfernen.

8. Die Sahne mit dem San-apart steif schlagen, die Torte damit rundherum bestreichen, mit Schokoraspeln bestreuen. Die restliche Sahne in einen Spritzbeutel mit Lochtülle füllen, Tupfen auf die Torte dressieren und die Schokoladentäfelchen darauflegen. Die Torte mit geviertelten Erdbeeren garnieren und servieren.

Zubereitungszeit: etwa 45 Minuten ohne Wartezeit

Erdbeer-Sahne-Rolle

Für 4 Personen:

Für den Biskuitteig:
5 Eier
175 g Zucker
1 Päckchen Zitronenaroma
125 g Weizenmehl
125 g Speisestärke
3 gestr. TL Backpulver

Für die Füllung:
600 ml süße Sahne
6 TL San-apart
250 g frische Erdbeeren
Schokoraspel zum Bestreuen
frische Erdbeeren zum Garnieren

1. Die Eier mit dem Zucker und dem Zitronenaroma in einer Schüssel weißschaumig schlagen.

2. Das Mehl mit der Speisestärke und dem Backpulver vermischen, auf den Eischaum sieben und unterheben.

3. Die Biskuitmasse auf ein mit Backpapier ausgelegtes Backblech streichen und im auf 200 °C vorgeheizten Backofen 10–12 Minuten backen.

4. Den Boden aus dem Ofen nehmen, auf ein sauberes Küchentuch stürzen.

5. Das Backpapier mit kaltem Wasser bestreichen und vorsichtig abziehen. Den Teig sofort zu einer Rolle aufrollen und vollständig erkalten lassen.

6. Die Sahne mit dem San-apart in einer Schüssel steif schlagen.

7. Die Erdbeeren verlesen, waschen, trocken tupfen und in Würfel oder Scheiben schneiden.

8. Den Teig auf dem Küchentuch entrollen und mit zwei Drittel der Sahne bestreichen.

9. Die Erdbeeren gleichmäßig auf der Sahne verteilen. Die Erdbeerrolle mithilfe des Küchentuches zusammenrollen.

10. Etwas Sahne abnehmen und in einen Spritzbeutel mit Sterntülle füllen, die restliche Sahne gleichmäßig auf die Rolle streichen.

11. Die Sahne auf die Erdbeerrolle dressieren, die Rolle mit Schokostreuseln bestreuen, mit frischen Erdbeeren garnieren und bis zum Verzehr kühl stellen.

Zubereitungszeit: etwa 50 Minuten

Erdbeerlimes-Torte

Für 4 Personen:

Für den Biskuitteig:
3 Eier
150 g Zucker
3 EL Wasser
1 Päckchen Vanillezucker
100 g Mehl
50 g Speisestärke
2 gestr. TL Backpulver

Für die Creme:
200 ml Erdbeerl-Limes
50 g Honig
9 Blatt weiße Gelatine
300 g Erdbeerjoghurt
600 ml süße Sahne

Außerdem:
200 ml süße Sahne
1 Päckchen Sahnesteif
gemahlene und gehackte Pistazien
200 g Erdbeeren
1 Kiwi

1. Die Eier mit dem Zucker, dem Wasser und dem Vanillezucker in eine Schüssel geben und schaumig schlagen.

2. Das Mehl mit der Speisestärke und dem Backpulver vermischen, auf den Eischaum sieben und vorsichtig unterheben.

3. Den Teig in eine mit Backpapier ausgelegte Springform (26 cm Ø) füllen, glatt streichen, im auf 180 °C vorgeheizten Backofen ca. 30 Minuten backen.

4. Anschließend den Kuchen aus dem Ofen nehmen, das Backpapier abziehen und den Biskuit vollständig erkalten lassen.

5. Den Boden einmal waagerecht durchschneiden und die Oberfläche gerade schneiden. Den unteren Boden auf eine Tortenplatte legen und mit einem Tortenring umschließen.

6. Den Erdbeer-Limes und den Honig erwärmen. Die gewässerte, ausgedrückte Gelatine darin auflösen.

7. Den Joghurt unterrühren und die steif geschlagene Sahne unterheben.

8. Zwei Drittel der Creme auf dem Tortenboden glatt streichen. Den zweiten Boden darauflegen, die restliche Creme daraufstreichen und die Torte im Kühlschrank festwerden lassen.

9. Anschließend die Torte aus dem Kühlschrank nehmen und den Tortenring entfernen.

10. Die Sahne mit dem Sahnesteif steif schlagen, die Torte damit überziehen. Mit Pistazien bestreuen, mit geviertelten Erdbeeren und Kiwischeiben garnieren und gut gekühlt servieren.

Zubereitungszeit: etwa 60 Minuten ohne Wartezeit

Erdbeer-Sahne-Herz

Für 4 Personen:

Für den Biskuitteig:
3 Eier
150 g Zucker
3 EL Wasser
1 Päckchen Vanillezucker
100 g Mehl
50 g Speisestärke
2 gestr. TL Backpulver
Butter zum Ausfetten
100 g Erdbeermarmelade

Für die Erdbeercreme:
400 ml süße Sahne
4 TL San-apart
Saft von 1 Zitrone
125 g Erdbeeren

Außerdem:
200 ml süße Sahne
2 TL San-apart
125 g Erdbeeren
weiße, geraspelte Kuvertüre
Puderzucker zum Bestäuben
Minzeblättchen zum Garnieren

1. Die Eier mit dem Zucker, dem Wasser und dem Vanillezucker in eine Schüssel geben und schaumig schlagen.

2. Das Mehl mit der Speisestärke und dem Backpulver vermischen, auf den Eischaum sieben und vorsichtig unterheben.

3. Den Teig in eine ausgefettete Herzform füllen, glatt streichen und imm auf 180–200 °C vorgeheizten Backofen ca. 20 Minuten backen.

4. Den Boden aus dem Backofen nehmen, erkalten lassen und auf eine Tortenplatte legen.

5. Die Marmelade glatt rühren und den Boden damit bestreichen. Den Kuchen mit einem Tortenrand umlegen.

6. Die Sahne mit dem San-apart steif schlagen, den Zitronensaft einrühren.

7. Die Erdbeeren verlesen, waschen, trocken tupfen, fein würfeln und unter die Sahne heben. Die Erdbersahne auf den Tortenboden geben, glatt streichen, im Kühlschrank festwerden lassen. Den Tortenrand entfernen.

8. Die Sahne mit dem San-apart steif schlagen und etwas in einen Spritzbeutel mit Sterntülle füllen. Mit der restlichen Sahne das Herz rundherum bestreichen, mit dem Spritzbeutel Rosetten aufspritzen.

9. Die Torte mit der geraspelten Kuvertüre bestreuen, mit den verlesenen, gewaschenen und halbierten Erdbeeren belegen, mit Puderzucker bestäuben, mit Minzeblättchen garnieren und bis zum Verzehr kühl stellen.

Zubereitungszeit: 40 Minuten ohne Wartezeit

Erdbeer-Schoko-Schnitten

Für 12 Stück:

Für den Teig:
250 g Butter, 200 g Zucker
1 Päckchen Vanillezucker
50 ml kaltes Wasser
2 EL Kakaopulver, 250 g Mehl

Für die Creme:
2 TL Backpulver, 400 ml süße Sahne, 2 TL San-apart, 1 TL Kakaopulver, 500 g Erdbeeren
1 Päckchen Tortenguss rot

1. Die Butter mit dem Zucker und dem Vanillezucker in einer Schüssel schaumig schlagen.

2. Das Wasser mit 2 EL Kakaopulver verrühren und unter die Buttercreme rühren. Mehl mit Backpulver vermischen, auf die Buttercreme sieben und unterrühren.

3. Den Teig auf ein mit Backpapier ausgelegtes Blech geben, glatt streichen und in dem auf 180–200 °C vorgeheizten Backofen 25 Minuten backen, erkalten lassen und aus der Form lösen.

4. Die Sahne mit dem San-apart und dem Kakaopulver steif schlagen, in einen Spritzbeutel mit Lochtülle füllen und in Erdbeergroßen Abständen auf den Boden spritzen.

5. Die Erdbeeren verlesen, waschen, halbieren und zwischen der Kakaosahne dekorativ einlegen.

6. Den Tortenguss nach Packungsanweisung zubereiten, auf den Erdbeerhälften verteilen und bis zum Verzehr kühl stellen.

Zubereitungszeit:etwa 35 Minuten ohne Wartezeit

Erdbeer-Törtchen

Für 6 Stück:

Für den Teig:
150 g Butter, 125 g Zucker
1 Päckchen Zitronenaroma
2 Eier, 175 g Mehl
1 gestrichener TL Backpulver
Fett zum Ausfetten
Semmelbrösel zum Ausstreuen
200 g Erdbeer-Frischkäse
25 g Zucker, 200 ml süße Sahne
2 TL San-apart, 250 g Erdbeeren
Mandelblättchen zum Bestreuen
Puderzucker zum Bestäuben

1. Butter mit Zucker und Zitronenaroma in einer Schüssel schaumig schlagen. Eier nach und nach unterrühren. Mehl mit Backpulver vermischen, auf die Eicreme sieben und unterheben. Den Teig in ausgefettete, mit Semmelbröseln ausgestreute Förmchen füllen, glatt streichen und im auf 180–200 °C vorgeheizten Backofen 25 Minuten backen.

2. Frischkäse mit Zucker glatt rühren. Sahne mit San-apart steif schlagen, unter den Frischkäse heben und auf die gebackenen Törtchen geben. Die Törtchen mit Erdbeerschnitzen dekorativ belegen, mit Mandelblättchen bestreuen, mit Puderzucker bestäuben und bis zum Verzehr kühl stellen.

Zubereitungszeit: etwa 30 Minuten ohne Wartezeit

Erdbeertorte mit Haselnusshaube

Für 16 Stücke:

Für den Biskuitteig:
2 Eier, 1 Eiweiß
120 g Zucker
1 TL geriebene Zitronenschalen
50 g Mehl, 50 g Speisestärke
1 gestrichener TL Backpulver
50 g gehobelte Haselnusskerne
15 Erdbeeren

Für die Creme:
400 g Frischkäse
Saft einer Zitrone
1 TL geriebene Zitronenschalen
80 g Zucker
500 ml süße Sahne
2 Päckchen Sahnesteif
200 g Erdbeeren
Erdbeeren zum Garnieren
Puderzucker zum Bestäuben

1. Die Eier mit dem Eiweiß, dem Zucker und den Zitronenschalen in einer Schüssel schaumig schlagen.

2. Das Mehl mit der Speisestärke und dem Backpulver vermischen, auf die Eimasse sieben und unterheben.

3. Die Masse in eine mit Backpapier ausgelegte Springform (26 cm Durchmesser) geben, glatt streichen, die Haselnusskerne darauf verteilen und das Ganze im auf 180 °C vorgeheizten Backofen 30 Minuten backen.

4. Den fertig gebackenen Boden aus dem Backofen nehmen, erkalten lassen, aus der Form nehmen, einmal waagerecht durchschneiden, den unteren Boden auf eine Tortenplatte legen und mit einem Tortenring umschließen.

5. Die Erdbeeren verlesen, waschen, halbieren und mit den Schnittflächen nach außen an den Rand des Tortenrings stellen.

6. Den Frischkäse mit dem Zitronensaft, den Zitronenschalen und dem Zucker in einer Schüssel glatt rühren.

7. Die Sahne mit dem Sahnesteif steif schlagen und unter den Frischkäse heben. Die verlesenen, gewaschenen Erdbeeren in Würfel schneiden und unterheben.

8. Die Creme auf den Tortenboden geben und glatt streichen. Den Nussboden auf die Creme setzen und die Torte im Kühlschrank – am besten über Nacht – vollständig durchkühlen lassen.

9. Anschließend die Torte aus dem Kühlschrank nehmen und den Tortenring entfernen. Mit Erdbeeren garnieren, mit Puderzucker bestäuben und bis zum Verzehr kühl stellen.

Zubereitungszeit: etwa 50 Minuten ohne Wartezeit

Luftige Berliner Erdbeertorte

Für 12–16 Stücke:

Für den Teig:
6 Eiweiß
6 Eigelb
200 g Zucker
1 Päckchen Vanillezucker
150 g Mehl
150 g Speisestärke
4 gestrichene Teelöffel Backpulver

Außerdem:
600 ml süße Sahne
6 TL San-apart
1 Vanilleschote
125 g Ananasstücke (frisch oder aus der Dose)
125 g Himbeeren
125 g Erdbeeren
125 g kernlose Trauben
125 g Kirschen
frische Früchte und Schokoraspel zum Garnieren
Puderzucker zum Bestäuben

1. 5 Eiweiße, die Eigelbe, den Zucker und den Vanillezucker in eine Schüssel geben und schaumig schlagen.

2. Das gesiebte Mehl mit der Speisestärke und dem Backpulver vermischen und vorsichtig unter den Teig ziehen.

3. Eine Springform (26 cm Durchmesser) mit Backpapier auslegen und die Masse einfüllen.

4. Das restliche Eiweiß steif schlagen, auf die Masse geben und glatt streichen. Das Ganze im auf 180 °C vorgeheizten Backofen 20–25 Minuten backen.

5. Den Tortenboden aus dem Ofen nehmen, leicht erkalten lassen, aus der Springform lösen und einmal waagrecht durchschneiden. Den unteren Tortenboden auf eine Tortenplatte setzen.

6. Die Sahne mit dem San-apart steif schlagen und auf den Boden streichen. Die verlesenen, gewaschenen, gut abgetropften Früchte je nach Bedarf klein schneiden und auf der Sahne verteilen.

7. Den oberen Tortenboden in Stücke schneiden und auf die Früchte legen.

8. Die Berliner Erdbeertorte mit frischen Früchten und Schokoraspeln garnieren, mit Puderzucker bestäuben und bis zum Verzehr kalt stellen.

Zubereitungszeit: 45–50 Minuten

Erdbeerkuchen vom Blech

Für 16–20 Stücke

Für den Teig:
175 g Butter
175 g Zucker
1 Päckchen Zitronenaroma
1 Päckchen Orangenaroma
5 Eier
100 g Speisestärke
250 g Mehl
1 Päckchen Backpulver
50 ml Milch
Butter zum Ausfetten
Semmelbrösel zum Ausstreuen

Außerdem:
100 g Erdbeermarmelade
100 g Obstblütenhonig
1000 g frische Erdbeeren
2 Päckchen Tortenguss rot
4 gehäufte EL Zucker
500 ml Wasser
frische Erdbeeren zum Garnieren

1. Die Butter mit dem Zucker, dem Zitronenaroma und dem Orangenaroma in einer Schüssel schaumig schlagen. Die Eier nach und nach einzeln kräftig darunter schlagen.

2. Die Speisestärke mit dem Mehl mit dem Backpulver vermischen, über den Schaum sieben und mit der Milch unter die Teigmasse rühren.

3. Eine Backblech (24 x 32 cm) ausfetten und mit Semmelbröseln ausstreuen.

4. Den Teig einfüllen und glatt streichen. Den Kuchen in dem auf 180 °C vorgeheizten Backofen 40 Minuten backen.

5. Den fertigen Kuchen herausnehmen, auf ein Kuchengitter legen und vollständig erkalten lassen. Den Kuchen eimal waagerecht durchschneiden und auf der Oberfläche gerade schneiden.

6. Die Erdbeermarmelade mit dem Honig verrühren, erwärmen, durch ein Sieb streichen und die beiden Böden damit bestreichen, anschließend die Böden zusammensetzen.

7. Die Erdbeeren verlesen, waschen, gut abtropfen lassen und nach Geschmack in Scheiben schneiden oder halbieren. Den Kuchen mit den Erdbeeren belegen.

8. Aus dem Tortengusspulver, dem Zucker und dem Wasser einen Tortenguss zubereiten und die Früchte damit überziehen. Den Tortenguss vollständig fest werden lassen, den Erdbeerkuchen in Stücke schneiden und bis zum Verzehr kühl stellen.

Zubereitungszeit: etwa 65 Minuten ohne Wartezeit

Erdbeer-Schokocreme-Kuchen

Für 12–14 Stücke:

Für den Teig:
4 Eier, 150 g Zucker
4 EL heißes Wasser
1 Päckchen Vanillezucker
100 g Mehl, 10 g Kakaopulver
75 g Speisestärke
2 TL Backpulver

Für die Creme:
500 ml Milch, 1 Päckchen Puddingpulver Schokoladengeschmack, Zucker nach Geschmack
250 g Butter

Außerdem:
500–750 g frische Erdbeeren
1 Päckchen Tortenguss klar
100 g Schokostreusel

1. Die Eier mit dem Zucker, dem heißen Wasser und dem Vanillezucker in eine Schüssel geben und schaumig schlagen.

2. Das Mehl mit dem Kakaopulver, der Speisestärke und dem Backpulver vermischen, auf die Eicreme sieben und unterheben.

3. Den Teig in eine mit Backpapier ausgelegte Springform (26 cm Durchmesser) füllen glatt streichen und im auf 180 °C vorgeheizten Backofen 25–30 Minuten backen.

4. Den Tortenboden aus dem Ofen nehmen, erkalten lassen, aus der Form nehmen, einmal waagrecht durchschneiden und den oberen Boden gerade schneiden.

5. 400 ml Milch zum Kochen bringen. Das Puddingpulver mit der restlichen Milch glatt rühren und mit dem Schneebesen in die Milch einrühren. Einmal aufkochen lassen, vom Herd nehmen, mit Zucker nach Geschmack süßen und unter mehrmaligem Rühren erkalten lassen.

6. Die Butter in eine Schüssel geben und weißschaumig schlagen. Den Schokopudding esslöffelweise einrühren.

7. Den unteren Boden auf eine Tortenplatte legen und mit einem Tortenring umschließen. Zwei Drittel der Schokocreme einfüllen, glatt streichen, mit dem zweiten Boden abdecken und mit der restlichen Creme bestreichen. Etwas Creme für den Rand zurückbehalten.

8. Die Erdbeeren verlesen, waschen, gut abtropfen lassen, in Scheiben schneiden und dekorativ auf der Torte anrichten.

9. Den Tortenguss nach Packungsanweisung zubereiten und gleichmäßig auf den Erdbeeren verteilen. Die Torte im Kühlschrank vollständig auskühlen lassen.

10. Die Torte herausnehmen, den Tortenring entfernen, den Tortenrand mit der restlichen Schokocreme bestreichen und mit Schokostreuseln bestreuen. Bis zum Verzehr kühl aufbewahren.

Zubereitungszeit: etwa 60 Minuten ohne Wartezeit

Erdbeerkuchen mit Pistazien

Für 12–14 Stücke:

Für den Teig:
4 Eier
4 EL heißes Wasser
125 g Zucker
1 Päckchen Zitronenaroma
100 g Speisestärke
100 g Weizenmehl
2 TL Backpulver

Außerdem:
100–150 g Erdbeermarmelade
500–750 g frische Erdbeeren
1 Päckchen Tortenguss klar
75 g gehackte Pistazien

1. Die Eier mit dem heißen Wasser, dem Zucker und dem Zitronenaroma in eine Schüssel geben und schaumig schlagen.

2. Die Speisestärke mit dem Mehl und dem Backpulver vermischen, auf den Eischaum sieben und unterheben.

3. Den Teig in eine mit Backpapier ausgelegte Springform (26 cm Durchmesser) füllen, glatt streichen und im auf 180 °C vorgeheizten Backofen 25–30 Minuten backen.

4. Nach Ende der Backzeit den Tortenboden aus dem Ofen nehmen und erkalten lassen. Einmal waagerecht durchschneiden und den oberen Boden gerade schneiden.

5. Den unteren Boden auf eine Tortenplatte legen. Die Erdbeermarmelade durch ein Sieb passieren und den Boden damit bestreichen.

6. Den zweiten Boden darauflegen, mit Marmelade bestreichen und mit einem Tortenring umschließen.

7. Die Erdbeeren verlesen, waschen, gut abtropfen lassen, je nach Bedarf halbieren oder vierteln und dekorativ auf die Torte legen.

8. Den Tortenguss nach Packungsanweisung zubereiten und über die Erdbeeren gießen. Den Guss im Kühlschrank vollständig fest werden lassen.

9. Den Erdbeerkuchen herausnehmen, den Tortenring entfernen, den Tortenrand mit der restlichen Erdbeermarmelade bestreichen, mit den gehackten Pistazien bestreuen und servieren.

Zubereitungszeit: 40–45 Minuten

Erdbeer-Johannisbeer-Torte

Für 16 Stücke:

Für den Biskuit:
2 Lagen Wiener Böden (Fertigprodukt)
100 g Johannisbeergelee

Für die Creme:
100 g Johannisbeeren
100 g Erdbeeren, 75 g Zucker
Saft von ½ Zitrone
9 Blatt weiße Gelatine
300 g Erdbeerjoghurt
600 ml süße Sahne

Außerdem:
200 ml süße Sahne
2 TL San-apart, gemahlene Pistazien zum Bestreuen
Erdbeeren und Johannisbeeren zum Garnieren

1. Die Wiener Böden mit dem Johannisbeergelee bestreichen. Einen Boden auf eine Tortenplatte legen und mit einem Tortenring umschließen.

2. Die Johannisbeeren und die Erdbeeren verlesen, waschen, abtropfen lassen, die Erdbeeren in Stücke schneiden.

3. Die Früchte mit dem Zucker und dem Zitronensaft erwärmen, pürieren und die gewässerte, ausgedrückte Gelatine darin auflösen.

4. Den Erdbeerjoghurt unter das Fruchtpüree rühren und die geschlagene Sahne unterheben.

5. Die Hälfte der Creme auf dem Biskuit glatt streichen, mit dem zweiten Boden abdecken und die restliche Creme darauf verstreichen.

6. Die Creme im Kühlschrank fest werden lassen. Anschließend die Torte aus dem Kühlschrank nehmen und den Tortenring entfernen.

7. Die Sahne mit dem San-apart steif schlagen, den Tortenrand damit bestreichen, die restliche Sahne auf die Torte dressieren.

8. Die Erdbeer-Johannisbeer-Torte mit gemahlenen Pistazien bestreuen, mit Erdbeeren und Johannisbeeren garnieren und bis zum Verzehr kühl aufbewahren.

Zubereitungszeit: 40–45 Minuten

Erdbeer-Eierlikör-Kuchen

Für 12–14 Stücke:

Für den Teig:
3 Eier, 150 g Zucker
1 Päckchen Vanillezucker
75 g Mehl, 50 g Speisestärke
10 g Kakaopulver
2 gestr. TL Backpulver

Für die Creme:
150 ml Eierlikör
150 g Vanillejoghurt
50 g Zucker
6–8 Blatt weiße Gelatine
400 ml süße Sahne
500–750 g frische Erdbeeren
1 Päckchen Tortenguss klar

Außerdem:
200 ml süße Sahne
2 TL San-apart, 75 g Krokant

1. Die Eier mit dem Zucker und dem Vanillezucker in eine Schüssel geben und schaumig schlagen.

2. Das Mehl mit der Speisestärke, dem Kakaopulver und dem Backpulver vermischen, auf den Eischaum sieben und unterheben.

3. Den Teig in eine mit Backpapier ausgelegte Springform (26 cm Durchmesser) füllen, glatt streichen und im auf 180 °C vorgeheizten Backofen 25–30 Minuten backen.

4. Den Biskuit aus dem Ofen nehmen und erkalten lassen. Aus der Form nehmen und oben gerade schneiden.

5. Für die Creme den Eierlikör mit dem Vanillejoghurt und dem Zucker in einer Schüssel so lange verrühren, bis sich der Zucker vollständig aufgelöst hat.

6. Die gut gewässerte Gelatine ausdrücken, in ein wenig heißem Wasser auflösen und unter die Joghurtcreme ziehen. Die Sahne steif schlagen und unterheben.

7. Den Tortenboden auf eine Tortenplatte legen und mit einem Tortenring umschließen. Die Creme einfüllen, glatt streichen und im Kühlschrank fest werden lassen.

8. Die Erdbeeren verlesen, waschen, gut abtropfen lassen, je nach Größe halbieren, vierteln oder in Scheiben schneiden und dekorativ auf der Torte anrichten.

9. Den Tortenguss nach Packungsanweisung zubereiten, gleichmäßig über die Erdbeeren gießen und den Guss im Kühlschrank fest werden lassen.

10. Den Kuchen herausnehmen und den Tortenring entfernen. Die Sahne mit dem San-apart steif schlagen, den Tortenring damit bestreichen und mit Krokant bestreuen.

11. Die restliche Sahne in einen Spritzbeutel mit Sterntülle füllen und auf den Kuchen dressieren. Mit Krokant bestreuen und bis zum Verzehr kühl aufbewahren.

Zubereitungszeit: etwa 60 Minuten

Register

garant Verlag GmbH, Benzstraße 56, 71272 Renningen
Bilder Umschlag: www.fotolia.de

www.garant-verlag.de

ISBN 978-3-7359-0127-9

Erfahren Sie mehr!